〈図解でわかる〉

退職・転職の手続き・チェックノート

最新版

Resignation / Change Jobs

社会保険労務士
島田弘樹
Hiroki Shimada

ぱる出版

まえがき

「ＧＤＰ27・８％減ショック」内閣府の発表によると新型コロナウィルスの影響は深刻で、２０２０年４〜６月期のマイナス成長から日本経済のＧＤＰは年率換算で27・８％減となるようです。緊急事態宣言を受けて休校、テレワーク、外出自粛が続き、イベントの開催、海外渡航や国内旅行もままならない異常な事態が続いています。

企業の倒産や廃業も相次ぎ、先行きが見えない中で誰もが「自分はこのままでいいのだろうか」と不安を感じておられると思います。

不本意ながら退職や転職を考えざるを得ない方もいらっしゃることでしょう。しかしマイナスのことばかりを考えていても仕方ありません。もし今あなたが自分の職業人生を見直す必要に迫られているようであれば、それは考え方とやり方によっては大きなチャンスになるかもしれません。

時代の変化に柔軟に対応し、自分が成長する努力を継続することで「新しい自分」「変われる自分」としてその価値を正しく評価され、「買われる自分」になれるという可能性が広がるわけです。時代の潮流を見極めて、自分の現在、そして将来の「在り方、生き方」を見つめ直すよいきっかけになります。ぜひ前を向いてポジティブに行動していきましょう。

新型コロナのパンデミックというのは誰にとっても初めての経験です。でも、我々にはどんな日常であろうと「生活者」として日々の暮らしを営む権利があります。日本では大地震や豪雨、台風などの自然災害も多く発生し、そのたびに甚大な被害がありましたが、一つずつ困難を乗り越えその経験を生かして豊かで安心な国づくりを進めてきました。コロナ禍でテレワークをはじめとして働き方は大きく変わることもあるでしょう。雇用や労働という概念も「労働時間」から「成果・価値」による基準になりつつあります。

でも変わらないこともたくさんあります。たとえば退職するにあたって大切なこと。それはあなたが卒業する会社の上司や同僚の皆さんとの信頼関係を維持することです。そのためには守らなければならないモラルやルールがあります。世間は思ったよりも狭いものです。人とのつながりや「ご縁」はくれぐれも大切に。新しい職業生活のスタートは「円満退職」から始まると言っても過言ではありません。

本書では、勤務社労士として17年のキャリアを持つ筆者から、自分の体験を踏まえながらサラリーマンとしての視点で退職や転職に関わるさまざまなノウハウをお伝えできれば幸いです。

転職や退職に正解はありませんし、新しい生活に100％満足するということも極めてまれだと思います。人生100年時代。その最後の時に自分の人生を振り返って、後悔のないように生きていただきたい、そう願っています。

２０２０年10月

社会保険労務士　島田弘樹

〈最新版〉図解でわかる

退職・転職の手続き・チェックノート

もくじ

まえがき　3

第1章 退職するときに心得ておきたい11のルール

第2章 雇用保険の基礎知識と手続き

第3章　健康保険の基礎知識と手続き

第4章 年金の基礎知識と手続き

第5章 税金の基礎知識と手続き

第6章 転職を成功させるキャリアアップ戦略のコツ

第1章

退職するときに心得ておきたい11のルール

1 退職するときに必ず心得ておきたいことは何か

一つの会社に一生勤め続けることは、難しい時代になっています。

自分のキャリアと会社からの評価にズレを感じて転職を決意する、あるいは、景気の変化にともなう早期退職制度に思い切って手をあげる。定年を間近に控えた人でも、第二の「仕事人生」をめざして、別の職場に「活き場」を見つけようと考えている人も増えています。

しかしながら、「退職をする」、つまり「長年勤め続けた会社を離れる」ということは、それまで受けていた「会社員ならではのメリット」から離れることでもあります。

その後の生活設計をきちんと築いていくうえでも、自分に与えられてきた様々な「メリット」がどのように変化するのか。引き続き同様の「メリット」を受けようとする場合には、どのような手続きが必要なのか。――そうした様々なノウハウをあらかじめ押さえておくことが必要です。

もう一つ心得ておきたいことは、退職することは「会社との関係を永遠に切る」ことではないということです。その後のビジネスで、前職のネットワークが活きることも多々あります。

それらを考えた場合、退職にのぞむうえでの「作法」をきちんと心得ておくことも必要です。引継ぎも十分にしないまま会社からいなくなるとなれば、残された現場は混乱します。そうなれば、せっかくその職場で築いてきたネットワークは崩れ去ってしまうでしょう。

退職をする際に、知っておきたいことは山ほどあると考えたいものです。

会社を「辞める」前に、考えておきたいことは山ほどある

1 会社を辞めると、様々な恩恵が途絶えてしまうが…

・会社からもらう「給与」がなくなるが、生活は大丈夫か?
・会社がやってくれていた各種手続きを自分がやらなければならない
・会社に属していたからこそ、活用できたネットワークもある
・長年なじんだ企業文化の外に出て、仕事はうまくこなせるのか?

2 会社を辞める際の、私的･公的手続きも考えないと…

・会社から受け取るもの（離職票など）には何がある?
・会社に返還しなければならないもの（社員証など）は?
・そもそも退職願の書き方は分かっているのか?
・業務の引継ぎ、取引先へのあいさつはどうすればいい?

3 会社を辞めた後にも、忙しい日々は続く…

・雇用保険上の手続きを行なわないと、失業給付はもらえない
・定年後、年金をもらうにも待っているだけではダメ
・転職するならば、それなりの活動をしなければ…
・職業訓練や技能修得をめざすなら、これも忙しい

2 会社員であることのメリットを、まず確認しよう

職業人であることとは、「働くこと」にともなう様々な権利や義務とも付き合うことです。働いて収入を得れば税金を払ったり、社会保険に加入しなければなりません。いざ働けなくなったときのことを考えた場合、どのような社会保障があるのかを知っておくことも必要です。ところが、会社員の場合、こうした権利・義務にかかる様々な手続きは、会社側がほとんどやってくれます。退職をして、初めてそのありがたさがわかるという人も目立ちます。

そこで、退職を考える際には、普段意識していない「会社員であることのメリット」をきちんと確認することから始めましょう。例えば、自営業者と比べた場合、以下のような点が挙げられます。

会社員であることにより、**①基礎年金だけでなく厚生年金などの上乗せが期待できる、②雇用保険や労災保険に加入できる、③通勤手当や住宅手当など給与以外にも様々な手当が支給される、④健康保険料や住民税が給与天引きされるため自分で納付しなくてよい、⑤公的医療保険がきかない健康診断を会社の一部または全額負担で受けられる、⑥会社の各種福利厚生制度を利用できる（健康保険の傷病手当金なども受け取れます）**――ざっと挙げても、これだけのメリットがあります。

転職によって別の会社に移る場合でも、「無職」である間は、一時的に前述のメリットを受けられなくなります。雇用保険による「失業等給付」はありますが、これも自ら申請することが必要で「会社がやってくれる」ものではありません。あらかじめノウハウをつかんでおく必要があるわけです。

会社員であることのメリットには、どんなものがあるか？

《こんなメリットがある!!》

1. **厚生年金に加入していることで、基礎年金に上積みした年金支給が期待できる**
   ➡ 老後の生活設計を立てやすいというメリット

2. **雇用保険や労災保険に加入していることで、いざという時の給付がおりる**
   ➡ 失業後の給付だけでなく、育児・介護休業時の手当なども

3. **通勤手当や住宅手当など、給与以外にも様々な手当の支給が受けられる**
   ➡ 自営業やフリーターなどでは、全部「込み」になってしまう

etc.

3 退職までのスケジュールをきちんと立てる

前項で述べたように、退職するということは、それまで受けていた様々な仕組みが切り替わることを意味します。もちろん、総務や経理の担当者から様々な伝達はありますが、身辺が慌しくなることには違いありません。その間、後任のための仕事の引継ぎなどが求められることを考えれば、退職の日から逆算して、やるべきことをあらかじめ計画立てておくことが必要です。

定年による退職以外は、会社に対して退職の意思を伝えることから始まります。

いつまでに意思表示をすればいいかという点について、民法上では一応「2週間」となっています。しかし、先に述べたように**「やるべきこと」がいろいろ立て込んでくることを考えれば、最低でも1ヵ月くらい前**（**管理職に就いている場合はさらに1ヵ月前**）**には「退職する意思がある」ことを伝えるべき**でしょう。後になればなるほど、かえって退職しにくい状況が生まれてしまいます。

ここで大切なのは、自分の都合だけで勝手に退職日を設定するのは望ましくないということです。例えば、会社の繁忙期やプロジェクトなどが進行中の時期は、仕事の後任者が引き継ぎなどに十分な時間をさけないこともあるからです。退職は「相手の都合」を考えることも重要です。

退職の意思については、まず**直属の上司に伝え、しっかり話し合うことが必要**です。

ちなみに、会社の就業規則において、退職についてのルールが示されていることもあります。自分の会社のルールについて、あらかじめ調べておくことも求められます。

退職までのおおまかなスケジュールを立てる

退職日の2ヶ月前	◎管理職に就いている場合、ここまでさかのぼって退職の意思を告げる ◎上司との話し合い、および、引継ぎのダンドリなどを決める ◎退職までにすべきことを、スケジューリングする ◎会社が繁忙期に入る場合は、管理職でなくてもここまでさかのぼって退職の意思を伝える
退職日の1ヵ月前	◎特に役職等に就いていなくても、せめてここまでに退職の意思を伝える ◎退職願を直属の上司に提出する ◎後任者に対して業務の引継ぎを行なう
退職日の2週間前	◎後任者を連れて、取引先へ退職のあいさつを行なう ◎引継ぎ等の漏れがないか、納期等の遅れが発生していないかチェック ◎会社に返還するもの、廃棄するものなどについて上司と相談
退職日の1週間前	◎取引先やお世話になった人へ挨拶状の送付を手配 ◎総務・人事関係で必要な書類等について担当部署と相談 ◎デスク回りやPCデータの処理などを少しずつ始める
退職日の前日	◎デスク回りやロッカー等の整理を仕上げる ◎会社に返還するもの、破棄するものの残りがないかをチェック ◎総務・人事関係の担当と書類のやり取り等を行なう
退職日当日	◎上司や同僚への最後のあいさつ

4 退職日が決まってからのダンドリはどうなるか

退職について上司と相談する場合、直接口頭で話し合うことが基本です。最近では、**メールで「辞めたい」という意思を一方的に告げるケースも見られますが、これはマナー違反**です。

確かに、「うつ」などで退職せざるを得ない場合、口頭で他人に相談することが厳しいこともあります。そういうケースでは、産業医や総務の人と面談して、ダンドリを相談してください（「うつ」の場合は、傷病手当金を受けながら休職する制度も適用されます）。

なお、退職日が決まる前に、むやみに「退職する」ことを周囲にもらさないようにしましょう。退職することが噂になってしまうと、例えば取引先などが「退職する人間が担当では、取引先として信頼できない」と受け止めます。つまり、会社全体の信用問題になってしまうわけです。

退職日が決まると、退職願を提出します。それが受理された後に、担当していた業務の引継ぎが行なわれます。退職日前に納期が設定されている場合などは、できるだけ余裕を持ったスケジュールを設定します。引継ぎ時は何かと仕事がスムーズに進まない状況も想定されるからです。

内部的な引継ぎがある程度進んだところで、退職日の1～2週間前には後任者を連れて、取引先などへ挨拶回りを行ないます。菓子折など手土産の一つでも持っていく気づかいも求められます。

日常的なお付き合いがない会社などに対しても、最低限、退職する旨を記した挨拶状を出します。今後の職業人生において、どんな縁で誰に会うかわからないからです。

退職前にやってしまいがちなタブーに注意

1 電話やメールなどで、突然「やめたい」という意思を上司に告げる

➡ 電話等であっても「やめる」意思を伝える前に「相談する」という旨で

2 正式な退職願を出していないのに、取引先に「辞める」ことを伝える

➡ 取引状況によっては、「業務の進行が阻害された」ととらえられることも

3 上司に相談する前から、同僚・後輩に「辞める」とふれまわる

➡ 社内の統制が保てないだけでなく、上司の顔に泥を塗ることにもなる

こうしたことをすると……

結局、もとの会社からも取引先からも信頼を失い、今後の自分の職業人生において、活用できるネットワークが著しく狭まるリスクが！

5 引継ぎ時の心得は？ 引き止められた場合は？

自己都合での退職を上司などに相談した場合、必ずと言っていいほど「引き止められる」という状況に直面します。「退職されると困る」という思いもありますが、「軽い気持ちで退職するのは、君の人生にとってプラスにならない」という考えから引き止めを行なうこともあります。

そもそも上司は退職希望者が強い意志を示せば、「引き止めても無駄」と考えています。

しかし、万が一、退職希望者の気持ちが定まっていないのであれば、「引き止めの一言」で退職を思いとどまる可能性もあります。その可能性を頭に描いているがゆえに、上司としては「まずは引き止めの言葉をかける」という所を相談のスタートラインに置くわけです。

この上司の立場を考えれば、①なぜ退職希望に至ったか、②退職した後にどんな人生を歩むつもりなのか、を真摯に伝えることが必要です。もちろん、①については「上司に言いにくい事情」もあるでしょう。その場合は、「よくよく考えた末、退職することが自分の人生にとってベストという結論に達した」と伝えるだけでもＯＫです。要は、自分の決意を示すことが大切なのです。

もう一つ重要なことは、引継ぎに際して、これ以上ないというくらい真面目に取り組むことです。退職希望者に対して、周囲は「職場が嫌だから逃げ出すのだろう」という視線が常に付きまといます。それが有形無形のプレッシャーになると、心理的に前向きな再出発がしにくくなります。**次の人生を気持ちよくスタートさせることは、成功につながる大きなカギ**と心得てください。

上司に「退職の意思」を切り出す際に心得ておきたいこと

1

相談する上司の忙しい時期、会社の繁忙期などを避けて相談する

➡ 忙しい時期は、「人手を減らしたくない」「引継ぎ業務がめんどう」という意識が働くため、こちらの退職の意思にいい顔をせず、最悪返事を保留されることも

2

退職理由が「会社内の問題」にあるとしても、そうした理由は表立って口にしない

➡ 仮に、相談する上司が理解を示したとしても、そうした退職理由は必ず上層部や同僚などの耳にとどく。後々の人づきあいが難しくなることも

3

引継ぎのダンドリや残務整理の進め方について、自分なりに考えておき、自分がいなくなることによる「支障」が最低限で済むような道筋をつける

➡ 同僚や後輩が「自分の穴埋め」として信頼できる旨を上司に伝える。部署内での自分のイメージを良くしておくことが、引継ぎ等をスムーズに運ぶコツ

6 退職願はどう書けばいいのか。定型通りでいいのか

前項で述べた通り、「退職」が正式に決まると、最初に「退職願」を提出します。よく、「退職届」とか「辞表」などと記すケースがありますが、あくまで「会社に退職を願い出る」という意味で、「退職願」と記すのが常識です。これを直属の上司に、必ず「手渡し」します。用紙は通常の便箋を使います。罫線入りのものでも構いません。ここに必ず「黒」のボールペンか万年筆を使い、自筆で文面を記します。たとえ「自分は字がへたなので」という人であっても、決してパソコンで印刷したりしないようにしましょう。

書き出しは、行の一番下に「私事」「私儀」あるいは「私は」と記すところから始めます。そして、次の行の上から「この度、一身上の都合により……」という具合に続けます。

退職に際しては、つい詳細な理由を書きたくなるものですが、「一身上の都合」でとどめておきます。たとえどんな理由があっても、それをくどくどと告げることはタブーです。

なお、退職日は、あらかじめ上司と相談して決めた日を記します。一方、届出年月日ですが、退職願を書いた日ではなく、提出する日を記すようにします。

最後に、自分の部署と氏名、そして宛名となる会社名と会社の社長名という順番で記します。手渡すのは直属の上司であっても、宛先はあくまで会社の代表者となります。その際、自分の部署・氏名は、宛名よりも下の位置に記しましょう。宛名の敬称は「殿」とします。もちろん、念のためコピーを取っておくことも忘れずに。

退職願の書き方

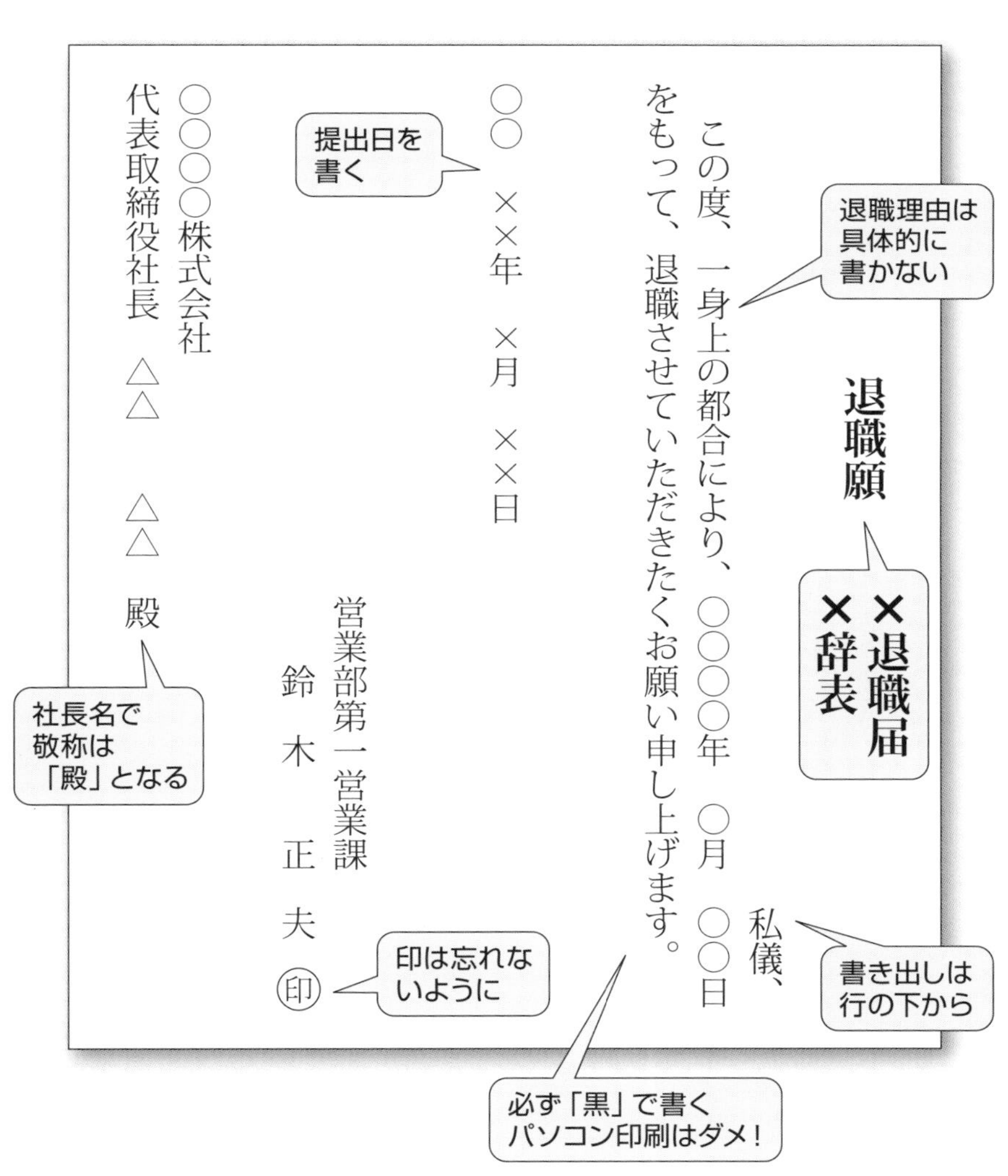
退職願
私儀、
この度、一身上の都合により、○○○○年　○月　○○日をもって、退職させていただきたくお願い申し上げます。
○○ ××年 ×月 ××日
営業部第一営業課
鈴 木 正 夫 印
○○○○株式会社
代表取締役社長 △△ △△ 殿
退職理由は具体的に書かない
×退職届
×辞表
書き出しは行の下から
必ず「黒」で書く パソコン印刷はダメ!
提出日を書く
印は忘れないように
社長名で敬称は「殿」となる

7 退職を知らせるための挨拶状の書き方

会社の業務を通じて知り合った人や、異業種交流会のように、自分の肩書きを紹介しながらお付き合いを続けている人など、日常的な取引先以外にも様々な人脈が広がっているはずです。

こうした人脈というのは、退職後に意外な形で活かされることが多々あるものです。同業他社への転職はもちろん、異業種への転職に際しても、思わぬネットワークが大いに役に立ったというエピソードを耳にすることもあるでしょう。定年退職などで、その後に地域活動などの「第二の人生」を歩む場合でも、会社時代のネットワークが活かされるケースもあります。

そこで、退職前の挨拶回りができない人に対しても、在職中にお世話になった感謝もこめ、挨拶文を送付することをお勧めします（ただし、同業他社への転職に際し、在職中の取引にかかわる人へは、その後のトラブルを防ぐため、会社側に一言告げたうえで送付しましょう）。

挨拶状は基本的にハガキを使用します。内容については、「お世話になった人への感謝の気持ち」が表現できていれば、特別な様式は必要ありません。ただし、以下の点を頭に入れてください。

まず、①「拝啓」で始まり「敬具」で終わるフォーマルな形式をとること。②直接挨拶に伺えず、手紙での挨拶になることを詫びる文言を入れること。この2点が重要です。

また、相手方が多忙で人脈も広い場合、こちらに対する記憶があいまいになることもあります。在職中の業務内容や、転職後の動向などについても記しておくとわかりやすくなります。

挨拶状の書き方

①「拝啓」で始める

②円満退職であることを告げる

拝啓

陽春の候、皆様におかれましては、ますますご清栄のこととお喜び申し上げます。

さて、この度私は、○年○ヵ月にわたり勤務いたしました株式会社○○を、令和○年3月31日をもちまして円満に退職いたしました。

株式会社○○在職中は、公私とも一方ならぬご厚情を賜り、○年○ヵ月の期間を無事勤務しえましたことは、ひとえに皆々様方のおかげと心から感謝いたしております。

転職先を含め、今後の身の処し方はまだ決まってはおりませんが、何卒倍旧のご指導ご鞭撻を賜りたくお願い申し上げます。

失礼とは存じましたが、取り急ぎ書面をもちまして、ご通知かたがたご挨拶申し上げます。末筆ながら、皆様のご健康とご多幸をお祈り申し上げます。

敬具

令和○年4月吉日

東京都○○区1-1-1
鈴木○○

③感謝の言葉を入れる
※在職中の業務内容を入れてもいい

④転職後の動向がはっきり決まっている場合のみ記す
（こういう会社に転職したいという希望では×）

8 会社に「返すもの」があることに注意を

退職する際には、会社に返却しなければならないものが多々あります。

まず、制度面の切替えによって返却が必要なもので**「健康保険証（被保険者証）」**があります。会社員の場合、企業で加入する被用者保険の保険証を所持していますが、退職後は国民健康保険や転職先の被用者保険に加入することになるので、在職中の保険証は返却しなければなりません。健康保険法上の扶養家族がいる場合には、家族全員分の保険証も返却が必要です。なお、健保の任意継続をする場合でも、失効する健康保険証をいったん返却したうえで手続きを行ないます。

また、**社員証**や**社章**など、社員であることを証明するものも返却が求められます。会社の財産であるという理由もありますが、仮に他人の手に渡れば、「その会社の社員になりすます」などの犯罪に使われる恐れがあるからです。同じ理由から、名刺や制服についても返却を求められます。

注意したいのは、取引先などで交換した他人の**名刺**の扱いです。これは会社にとっての貴重な財産であり、保護されるべき個人情報でもあります。自分の財産であるかのように勘違いし、「転職後に活用できるから」という気持ちで持ち帰るケースがありますが、絶対にやめましょう。

社内資料や社内文書なども、当然返却の対象となります。最近は機密情報取り扱いの契約・誓約は常識になっているため、デジタルデータの処理については会社の指示に従ってください。すでに効果を失っているデータ類であっても廃棄や消去を求められます。

退職に際して、会社に「返さなければならない」もの

①	健康保険証	◎転職する場合は、次の会社の健康保険証を、そのまま会社に勤めない場合は、国民健康保険の保険証を使うことになる。そのため、在職中の保険証は返還する。 ◎健康保険法上の扶養家族がいる場合は、その家族全員分の保険証も返還。 ◎健保の任意継続を希望する人も、いったん保険証の返還が必要。念のためコピーをとっておく。
②	社員証や社章、会社の名刺など	◎在職していた会社の社員であることを証明するものは、すべて返還を。 ◎悪用を避けるため、会社側から返還指示がある場合も。
③	会社の業務に関連して交換した名刺	◎あくまで「会社の仕事」の延長で手にしたものであり、「自分の財産」ではない。 ◎退職後も名刺の相手とコンタクトを取りたい場合は、退職のあいさつ状を出したうえで、先方から連絡等が来るのを待つ。
④	社内資料や社内文書	◎「社外秘」「持ち出し禁止」などの指示がなくても、決して持って帰ったりしない。 ◎上司などから「廃棄」の指示が出されたら、すみやかに処分する。 ◎デジタルデータも当然処分。昨今、企業はデジタルデータの流出に厳しい監視を行なっており、処分方法などの社内規定がある場合も。
⑤	文房具など会社の備品類	◎これも会社の財産なので、当然返却が求められる。 ◎部署の同僚·後輩等に譲り渡す場合も、必ず上司の許可を得てからに。 ◎自分で購入したものでも、会社経費で精算している場合は返却を。
⑥	通勤定期	◎払い戻しなどができる場合もあるので、経理担当者に相談を。 ◎他の交通費等を自分で立て替えている場合は、退職日までに精算する。

9
退職に際して、会社から「受け取るもの」もある

退職時には、「返却するもの」とは逆に「受け取るもの」もたくさんあります。

①雇用保険被保険者証……退職後に失業給付を受ける場合に必要となります。また、失業給付を受けなくなった場合でも、再就職をする際には新しい会社に提出をしなければなりません。

②雇用保険被保険者離職票……退職の日付や退職前の賃金額が記された証明書です。ハローワークに失業給付の手続きをする際、①とともに必要な書類となります。

③源泉徴収票……年明けから退職時までに受け取った年間給与額、そこから差し引かれている源泉所得税や社会保険料の金額が記された書類です。給与のほか、退職金の支給があったときは、その分の源泉徴収票も受け取ります。年内中に転職した場合には、これらを再就職先の会社に提出することで、年末調整を受けることになります（再就職しない場合は、確定申告の際に必要になる）。

④年金手帳……離職中は一時的であっても国民年金に加入しますが、その手続きの際に必要になります。また、再就職した場合は、新しい会社の厚生年金に加入する際に提出します。なお、退職前に厚生年金基金に加入していた場合は、厚生年金基金加入員証も返却されるので、将来基金分の上乗せを受け取るまで大切に保管しましょう。

⑤退職にかかる証明書……再就職の活動などをする際に、前職の使用期間やなぜ退職したかという事由についての証明が必要になる場合、会社に請求すれば証明書を発行してくれます。

会社から受け取るものには何があるか？

①	雇用保険 被保険者証	◎失業給付の手続きの際に必要となる。 ◎再就職した場合は、次の会社に提出する。
②	雇用保険 被保険者 離職票1、2	◎これも失業給付の手続き時に必要。 ◎退職後に送付されてくることも。10日を過ぎても手元に届かない場合は、会社の人事・総務の担当者に連絡を。
③	源泉徴収票	◎年末調整されていない分の源泉徴収票を受け取る。 ◎退職金の支給がある場合、その分の源泉徴収票も受け取る。 ◎いずれも、確定申告の際に必要なものなのでなくさないように。
④	年金手帳	◎原則、自分で保管しているものだが、会社側が預かっているケースも。 ◎転職する場合は、新しい会社に提出して、その会社の厚生年金の手続きを。 ◎すぐに転職はしないという場合、国民年金に加入するが、そこでも必要。
⑤	厚生年金基金 加入員証	◎会社で厚生年金基金に加入していた場合、加入員証は返却してもらう。 ◎脱退一時金などを受け取る場合にも必要になる。
⑥	退職時等の 証明	◎労働基準法第22条に定められているもので、退職する人が在職中の労働契約内容等について証明するものを求めた場合に、在職中の会社から発行される。 ◎例えば、会社都合で退職せざるを得ない場合、「解雇理由」などを請求することができる。

10 退職金は必ずもらえるとは限らない。注意！

退職後の生計などを維持するため、退職金をあてにしている人も多いでしょう。しかしながら、退職金というのは、社員への給与と異なり、会社側に法的な支払い義務はありません。

退職金というのは、あくまでその会社と社員との間に交わされる「契約上のルール」であり、**就業規則に規定が記されている場合に、初めて会社側の支払い義務が生じるもの**です。

退職金がもらえるのかどうか、いくらもらえるのかということについては、まず会社の就業規則に記された「退職金規定」で確認します。その際、チェックしたいのが以下の項目です。

①退職金が誰に対して支払われるか……一定の勤続年数がないと支払われないといった支給要件をまず確認しましょう。また、嘱託社員などが例外になっているケースもあるので注意してください。

②退職後何日以内に支払われるか……規定通りに支払われない場合は、会社に確認を。催促しても支払われない場合は、労働基準監督署などに就業規則を提示して相談してください。なお、退職金の請求時効は5年となっており、賃金請求時効の3年より長く設定されています（※注）。

③いくら支払われるのか……退職金の計算方法も会社によって異なります。基本給に勤続年数ごとに設定された数値を乗じるといったケースなど様々です。なお、退職時に限り認められる有給買い上げ分を退職金に上乗せするといったケースもあります。この場合、退職金として上乗せしてもらうほうが節税になることもあるので、会社側とよく相談してください（第5章参照）。

※注　2020年4月1日以降に支払期日が到来する賃金の請求時効は5年に延長しつつ、当分の間は3年となります。

退職金規程（例）

チェック1　誰が、どんな時もらえるのか？

（目的）
第１条　この規程は、社員の退職金に関する事項を定める。

（支給事由）
第２条　退職金は、社員が満３年以上勤務し、次の各号の一に該当したときに支給する。
（1）定年により退職したとき。
（2）在職中死亡したとき。
（3）休職期間が満了して退職したとき。
（4）解雇されたとき。
（5）自己都合により退職したとき。

（支給除外）
第３条　懲戒解雇された場合は退職金を支給しない。

（退職金の算定）
第４条　退職金は、退職日の属する月の前月末現在の基本給に別表に定める勤続年数対応支給率を乗じた金額とする。

（勤続年数）
第５条　勤続年数は、採用発令の日から退職、解雇発令または死亡の日までの暦日に従って計算し、1年未満は切り上げる。
２　次の期間は、勤続年数に通算する。
（1）試用期間
（2）休職期間
（3）関係会社へ出向転籍を命ぜられた期間

（支給日）
第６条　退職金は、退職・解雇の発令の日または死亡の日より起算して30日以内に現金にて支給する。

チェック2　いくらもらえるのか？

チェック3　いつもらえるのか？

11 未払いの賃金があった場合は、「立替払い」を受けられる

会社が倒産することよって職を失った場合、賃金の一部が未払いになるといったケースも生じます。こうした「倒産」による賃金未払いについては、一定の範囲内で、国から**労働者健康安全機構**を通じた「立替払い」を受けられる制度があります。なお、未払い賃金には「退職金」も含まれます。ただし、この立替払いの制度を利用するうえでは、いくつかの要件があります。

まず、所属していた会社が、①1年以上労災保険の適用事業で事業活動を行なっていること、②破産法や会社法に基づく法律的な倒産に至ったこと（ただし、資本・出資総額が一定以下の中小企業の場合は、労働基準監督署長の認定による「事実上の倒産」も適用）が求められます。

次に、請求する側の要件ですが、①最初の破産申し立て（事実上の倒産の場合は労働基準監督署への認定申請）があった日から6カ月前にさかのぼり、そこから2年以内に退職をしていること。②2万円以上の未払い賃金があることが必要です。この要件に合致していれば、正社員だけでなく、アルバイトやパートも請求できます。なお、立替払いを受けられるのは、未払い賃金の80％に相当する額となります。ただし、年齢によって、以下のような立替金の限度額が設定されているので注意しましょう。

①30歳未満の場合　88万円　②30歳以上45歳未満　176万円　③45歳以上　296万円

詳細については、独立行政法人「労働者健康安全機構」（TEL044-431-8663）まで問い合わせてください。

どんなケースのとき「未払い賃金立替払い制度」を使えるか

1 使用者側の要件

①1年以上事業活動を行なっていたこと
②以下にあてはまる「倒産」をしたこと
・法律上の倒産
……破産、特別清算、会社整理、民事再生、会社更生の場合。
この場合、破産管財人等に倒産の事実等を証明してもらう。
必要な用紙は労働基準監督署に備え付けてある。
・事実上の倒産
……中小企業が対象で、事業活動が停止して再開する見込みがなく、賃金支払能力がない場合。ただし、労働基準監督署長の認定が必要。

2 労働者側の要件

法律上の倒産の場合…裁判所への申立て等が行なわれた日を基点に
事実上の倒産の場合…労働基準監督署への認定申請が行なわれた日を基点に
↓
それぞれの基点日の6ヶ月前から2年以内に退職していること

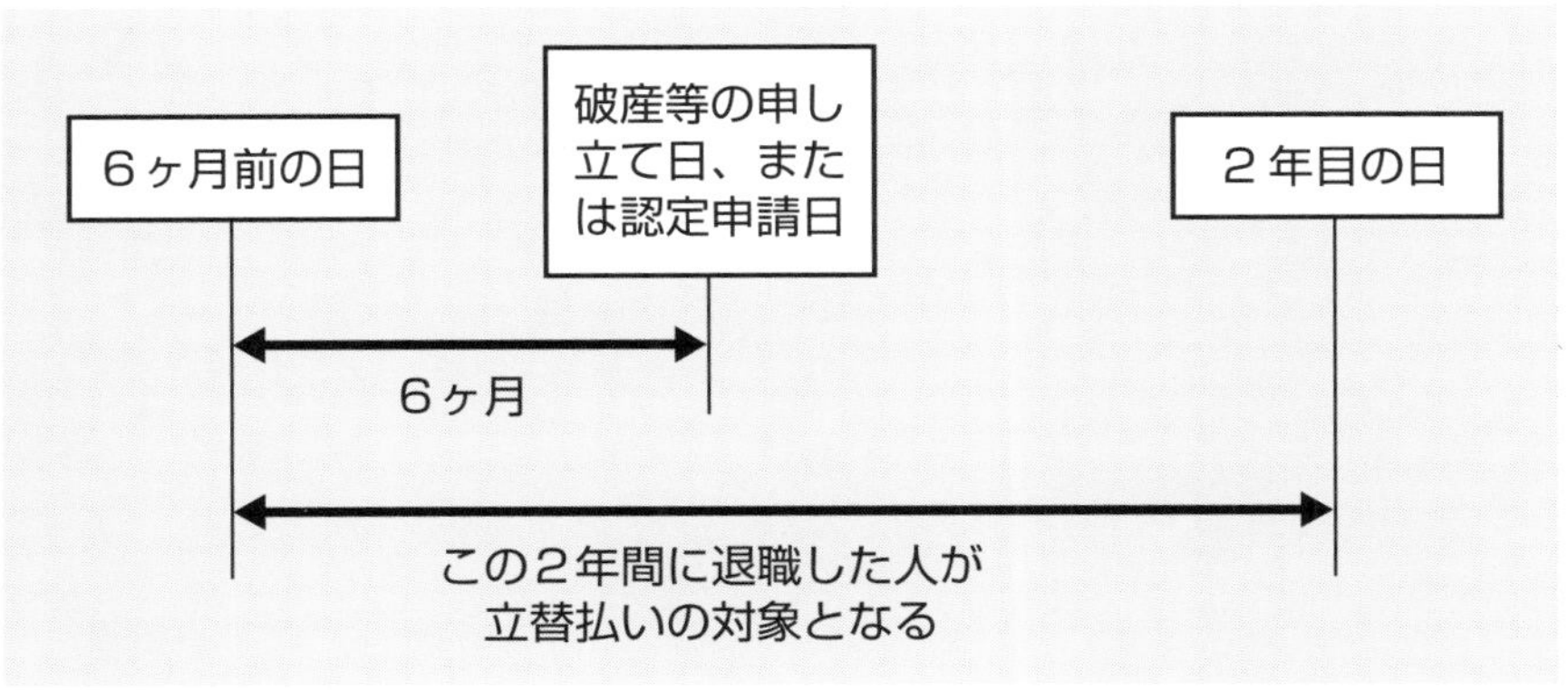

退職するときのチェックポイント！

- □会社で築いたネットワークを退職後も活用するためには、「手続き」と「マナー」を守る
- □まず直属の上司に相談し、自分の都合だけで勝手に退職日を設定しない
- □辞める意思はメールや電話ではなく直接口頭で話すのがマナー
- □前向きな再出発のために、引継ぎにはこれ以上ないくらい真剣に取り組む
- □退職願は、「手渡し」「手書き」「社長宛」が常識
- □挨拶状はフォーマルな形式で、手紙での挨拶になることの詫びの文言を忘れずに
- □退職時に会社に「返すもの」「受け取るもの」を確認しよう
- □「退職金」「未払い賃金」は事前チェックでトラブルを避ける

雇用保険の基礎知識と手続き

1 退職して初めてわかる「雇用保険」の大切さ

本章から、退職に際して必要な手続きを種類ごとに挙げていきましょう。

まず、頭に入れておきたいのが、「雇用保険」に関する手続きです。

雇用保険というと、失業給付を思い浮かべる人が多いと思いますが、この保険の機能はそれだけではありません。例えば、転職に向けた就業促進を図るための諸手当（就職促進給付）や、転職時に必要となる技能を身につけるための教育訓練給付なども含まれます。

また、退職した人を対象とした給付だけではありません。育児休業や介護休業などを取得した人は、休業期間中に雇用保険から「育児休業給付」「介護休業給付」を受けられる仕組みもあります。

いずれにしても、「職を離れる」際に、様々な恩恵を受けられるのが雇用保険の特徴です。

社員を雇用している会社は、必ず雇用保険に加入しなければなりません。この場合の「社員」には、一定条件を満たす非正規労働者も含まれます。「1週間の所定労働時間が20時間以上あり、かつ、31日以上の雇用見込みがある」という要件を満たせば派遣労働者、外国人労働者も含まれます。

つまり、会社に雇われていた人は、短時間就労者であっても被保険者として雇用保険に加入し、給与から雇用保険料が天引きされていたはずです。ただし、様々な給付等を受ける際には、一定の条件のもとで自ら手続きを踏まなければなりません。会社都合によって退職した場合（倒産やリストラ解雇など）と自己都合によって退職した場合では、手続き等の流れも微妙に異なります。

雇用保険で受けられる「失業等給付」のしくみ

1. 求職者給付……被保険者であった人が失業した場合の生活保障

①一般被保険者を対象としたもの
- 基本手当……新しい仕事を見つける間の生活を保障するもの
- 技能修得手当……公共職業訓練等を受ける場合の受講料や交通費を支給
- 寄宿手当……職業訓練等を受けるために寄宿が必要な場合に支給
- 傷病手当……病気やケガで就労できない場合に支給

②高年齢被保険者（65歳以上）を対象としたもの
- 高年齢求職者給付金……基本手当に代わって、被保険者期間に応じて支給

③短期雇用特例被保険者を対象としたもの
- 特例一時金……季節的に雇用されている人に対し、基本手当に代わって支給

④日雇労働被保険者を対象としたもの
- 日雇労働求職者給付金……雇用形態に即して、基本手当に代わって支給

2. 就職促進給付……早期就職を促すためのインセンティブ手当

①就業促進手当……早く就職すれば、基本手当に上乗せしてもらえる
- 再就職手当……安定した職業に就いた場合に支給
- 就業促進定着手当……再就職後の賃金が離職前の賃金より低くなった場合に支給
- 就業手当……再就職手当にあてはまらない職業についた場合に支給
- 常用就職支度手当……障害がある人などが安定した職業に就いた場合に支給

②移転費……再就職するために移転が必要な場合に、その費用を支給

③求職活動支援費……求職活動にあたり交通費、宿泊費、保育サービスを利用した場合の費用を支給

3. 教育訓練給付……厚労大臣の指定する教育訓練を受けた場合の費用の一部について還付が受けられる

4. 雇用継続給付……引き続き勤め続けるのが困難な人が、継続就労できるように支援

①高年齢雇用継続給付……60歳から65歳までの雇用継続を援助するための給付

②育児休業給付……育児休業をとっている人に給付

③介護休業給付……介護休業をとっている人に給付

2 失業給付（基本手当）を受け取るには？

退職した後、次の就職までの間の生活費などを「雇用保険の失業給付でまかなう」という話はよく耳にすると思います。この場合の失業給付とは、様々な給付の中の「基本手当」にあたります。

この基本手当をもらうためには、大きく分けて2つの条件をクリアしなければなりません。

一つは、雇用保険の被保険者である期間。もう一つは、再就職の意思と能力についてです。

前者の期間については、「退職日までの2年間で、11日以上雇用保険に入っていた月が12ヵ月以上ある」ことが基本です。ただし、これには以下のような例外が2つあります。

①倒産や解雇など、会社都合によって退職を余儀なくされたケース（特定受給資格者）

②いわゆる雇い止めなど、就業者が希望しているにもかかわらず労働契約の更新がなされなかったケース、また、病気やケガ、親族の看護などで離職を余儀なくされたケース（特定理由離職者）

以上の2点については、「退職日までの1年間で、11日以上雇用保険に入っていた月が6ヵ月以上」あれば、基本手当をもらうことができます。②については「雇い止め」などの場合（左頁1の②の②-a）離職日が令和4年3月31日までの間にある場合、所定給付日数は①と同様になります。

後者については、失業給付そのものが、再就職をするまでの支援策であるという点に基づいたルールです。あくまで本人が再就職へ向けて努力していることが前提となるわけです。たとえ病気やケガですぐには働けない状態であっても、再就職の意思があれば条件クリアとなります。

雇用保険で受けられる「失業等給付」のしくみ

1 雇用保険の被保険者期間について

①基本…退職日までの2年間で、11日以上雇用保険に入っていた月が通算12ヶ月以上

②特例…退職日までの1年間で、11日以上雇用保険に入っていた月が通算6ヶ月以上

↓

特例の対象者は…①. 特定受給資格者

・倒産や解雇など会社都合によって退職を余儀なくされた人

②. 特定理由離職者

a.いわゆる雇い止めなど、就業者が希望しているにもかかわらず労働契約の更新がなされなかったケース

b.病気やケガ、親族の看護など正当な理由で離職を余儀なくされたケース

2 働く意思と能力があること

【働く意思と能力がないと見られる例】

①受給期間を延長できるケース

・病気やケガですぐには働けないとき
・妊娠や出産・育児などですぐには働けないとき
・定年退職後、しばらく休養するとき
・親族の介護等ですぐに働けないとき

②給付条件を満たしていないケース

・学生になるとき
・専業主婦になるとき
・団体役員になったとき
・自営をはじめたとき

3 自己都合で退職した場合の「基本手当」について

まずは、退職前に「雇用保険被保険者証」が手元にあるかどうか確認します。手元にない場合は、会社側で保管している可能性もあるので、総務・人事関係の担当者に問い合わせます。

もし紛失した場合は、すぐに再交付の手続きを依頼してください。最寄りのハローワークで再交付申請書をもらって、自分で再交付手続きを行なうこともできます。

もう一つ必要になるものが、退職後に会社から受け取る「離職票」です。第1章で述べたように、退職後10日以内に勤めていた会社から送られてくることになっています。離職票には2種類あり、「離職票2」には給与額や退職理由が記されているので、よく確認しましょう。

もし、10日たっても手元に届かない場合は、会社側に連絡をしてください。仮に会社側に問題があって「離職票をくれない」という場合は、ハローワークに連絡して発行してもらうことも可能です。

以上の書類を受け取ったら、すぐにあなたの住所地を管轄するハローワークへ行って求職の申し込みをします。失業給付は「再就職の意思」が条件なので、求職申し込みが必要になるわけです。

申し込みの際には、先の「雇用保険被保険者証」「離職票1・2」のほか、以下のものが必要です。①住所および年齢等を確認できる書類（住民票、運転免許証など）、②個人番号確認書類、③印鑑、④顔写真（タテ3センチ×ヨコ2・5センチで正面上半身のもの）を2枚、となります。

なお、離職票1に必要な金融機関の振込み口座の証明印は、預金通帳でも代わりがききます。

基本手当をもらうための手順　その①

～まずはハローワークに求職申し込みを行なう～

●退職前……
①雇用保険被保険者証が手元にあるかどうかを確認
②手元にない場合は、会社にまず問い合わせを
③紛失している場合は、最寄りのハローワークで再交付申請を行なう

●退職

10日以内

会社から離職票1・2が送付されてくる

① 離職票1……離職者の氏名、生年月日、事業所名、離職年月日などが記載

② 離職票2……在職中の給与額や離職理由などが記載

※ 10日たっても送られてこない場合は会社に請求を

※ 発行が難しいケースの場合は、ハローワークに申し出る

申請者の住所地にあるハローワークに出向いて、求職の申し込み

・雇用保険被保険者証
・離職票１・２
・個人番号確認書類（個人番号カード、個人番号通知カード）
・住所を確認できるもの（住民票や運転免許証）
・印鑑および金融機関の振込み口座の証明印
・顔写真（タテ３センチ × ヨコ２．５センチ）
・振込み口座の証明印がない場合は、預金通帳

4　受給説明会から「基本手当」振込みまでの流れ

前項の「求職の申し込み」をすると、雇用保険受給説明会の日時が指定されます。説明会では、「雇用保険受給資格者証」と「失業認定申告書」が渡されるので、必ず出席して必要書類を受け取ります。

この説明会において、第一回の失業認定の日時が伝えられます。その指定された日時にハローワークへ足を運ぶことが必要なので、指定日時をメモするなどして忘れないようにしましょう。

なお、申請から説明会の間に、管轄するハローワークでは「離職票2に記された離職理由が正しいか」を審査します。つまり、特定受給資格者や特定理由離職者かどうかをチェックするわけです。

もし、「疑問がある」という場合には受給資格者証を渡される前に聴取を受けることもあります。

失業認定を受ける日がやってくると、その場で求職活動の状況について説明を求められます。

最初の失業認定は申請から原則4週間、その後も4週間ごとに失業認定日がきます。その4週間に2回以上（最初の認定日までは1回以上）求職活動を行なった実態が認められないと、基本手当は出ません。失業認定を受けると、1週間前後で申請した口座に基本手当が振り込まれます。

なお、自己都合で退職をした場合、最初の3ヵ月間は給付制限期間が設けられます。求職の申し込みから7日間は待機期間が設定されるので、正確には7日＋3ヵ月の間が給付制限となります。

つまり、自己都合で退職をした人は、7日＋3ヵ月後の第二回の失業認定の後に、最初の基本手当が振り込まれるという仕組みになるわけです。

基本手当をもらうための手順　その②
〜受給説明会から基本手当の振込みまで〜

●ハローワークに求職の申し込みを行なう
（あくまで「求職の申し込み」であり、「受給の申し込み」ではない）

●受給説明会の日程が知らされる

↓ 7日間の待機期間

●受給説明会
- ・「雇用保険受給資格者証」と「失業認定申告書」が渡される
- ・第一回の失業認定の日時が伝えられる
- ・離職票2の内容について疑問がある場合は聴取を受ける

●失業認定日（ここまで求職申し込みから4週間）

自己都合による退職	会社都合による退職
↓	第1回目の基本手当の振り込み
第2回の失業認定日（ここまで求職申し込みから3ヶ月の給付制限）	第2回の失業認定日（ここまで求職申し込みから8週間、失業認定日から4週間）
第1回目の基本手当の振り込み	第2回目の基本手当の振り込み

5 基本手当はいくらもらえるのか？

雇用保険の基本手当は、一日あたりの支給額を基本として、これに給付日数を掛けた金額が総支給額となります。日額（基本手当日額）については、原則として以下の流れで算出されます。

①離職した日の直前の6ヵ月間で、毎月決まって支払われていた賃金を算出する……通勤、住宅等各手当は含むが、賞与や退職金などは含まれない

②①を180で割って賃金日額を算出する……上限と下限があるので、詳しくはハローワークへ

③②に、賃金日額や年齢ごとに設定された給付率を掛ける……およそ50～80％。60歳以上については、45～80％。賃金が低い人ほど率は高くなる

次に給付日数ですが、在職中に雇用保険の被保険者期間がどれだけあったか、あるいは、自己都合による退職か会社都合による退職かなどによって変わってきます。自己都合による退職の人の場合は、被保険者期間によって給付日数は以下のように変わってきます。

被保険者期間が10年未満……90日　10年以上20年未満……120日　20年以上……150日

なお、会社都合（倒産や解雇等）で退職した人については、次ページの表を参照してください（65歳以上の人については、「高年齢求職者給付金」の対象として計算されます）。

基本手当の金額ともらえる日数（給付日数）

【基本式】

基本手当の総額　＝　基本手当日額　×　所定給付日数

※基本手当日額とは…　雇用保険で受給できる1日あたりの金額のこと

賃金日額　×　50〜80%(60歳以上については45〜80%)
賃金日額　＝　退職前6ヶ月の給与総額　÷　180(30日×6ヶ月)

なお、基本手当日額には上限あり。
令和２年8月1日現在は以下の通り。詳しくはハローワークに問い合わせを

30歳未満	6,850円
30歳以上45歳未満	7,605円
45歳以上60歳未満	8,370円
60歳以上65歳未満	7,186円

※所定給付日数とは…　基本手当の支給が受けられる日数のこと

対象者	被保険者期間	１年未満	1年以上5年未満	5年以上10年未満	10年以上20年未満	20年以上
自己都合等で退職した人	65歳未満の場合	—	90日		120日	150日
倒産や解雇等（会社都合）で退職した人（特定受給資格者および特定理由離職者〈一部例外あり〉）	30歳未満	90日		120日	180日	—
	30歳以上35歳未満	90日	120日	180日	210日	240日
	35歳以上45歳未満	90日	150日	180日	240日	270日
	45歳以上60歳未満	90日	180日	240日	270日	330日
	60歳以上65歳未満	90日	150日	180日	210日	240日
高年齢求職者給付金（65歳以上）の対象者	65歳以上	30日	50日			
就職困難者	45歳未満	150日	300日			
	45歳以上65歳未満		360日			

6 基本手当はいつまでもらうことができるのか？

失業給付の基本手当には、所定給付日数が定められています。ただし、受給期間というものも設けられていて、それを超えてしまうと、給付日数を消化しないまま打ち切りとなることもあります。所定給付日数というのは、基本手当の振込みにかかる「失業認定」の日から計算します。これに対し、受給期間というのは、離職した日の翌日から1年となっています。

つまり、離職後に時間をおいて求職の申し込みをした場合、所定給付日数が満了する前に受給期間が終わってしまうこともあるわけです。例えば、所定給付日数が１５０日あっても、90日の段階で受給期間がいっぱいになってしまうと、残り60日分の給付は行なわれません。

ただし、病気やケガ、妊娠や出産などですぐには働けない状況であれば、求職活動はどうしても遅くなります。その場合は、申請の際に事情を申し出れば、受給期間を延長(最大3年間)することもできます。

もう一つ、1年間という受給期間が延長されるケースがあります。一つは、会社都合で離職を余儀なくされた45歳以上60歳未満の人のうち、雇用保険の被保険者として雇用された期間が20年以上あるというケース（所定給付期間が３３０日）。もう一つは、45歳以上65歳未満の人で被保険者期間が1年以上あり、障害などで就職困難というケース（所定給付期間が３６０日）。

前者については、1年＋30日、後者については、1年＋60日という具合に、受給期間が延長されます。自分のケースではどうなるのか、求職申し込みの際にハローワークに確認しましょう。

基本手当の受給期間に注意しよう

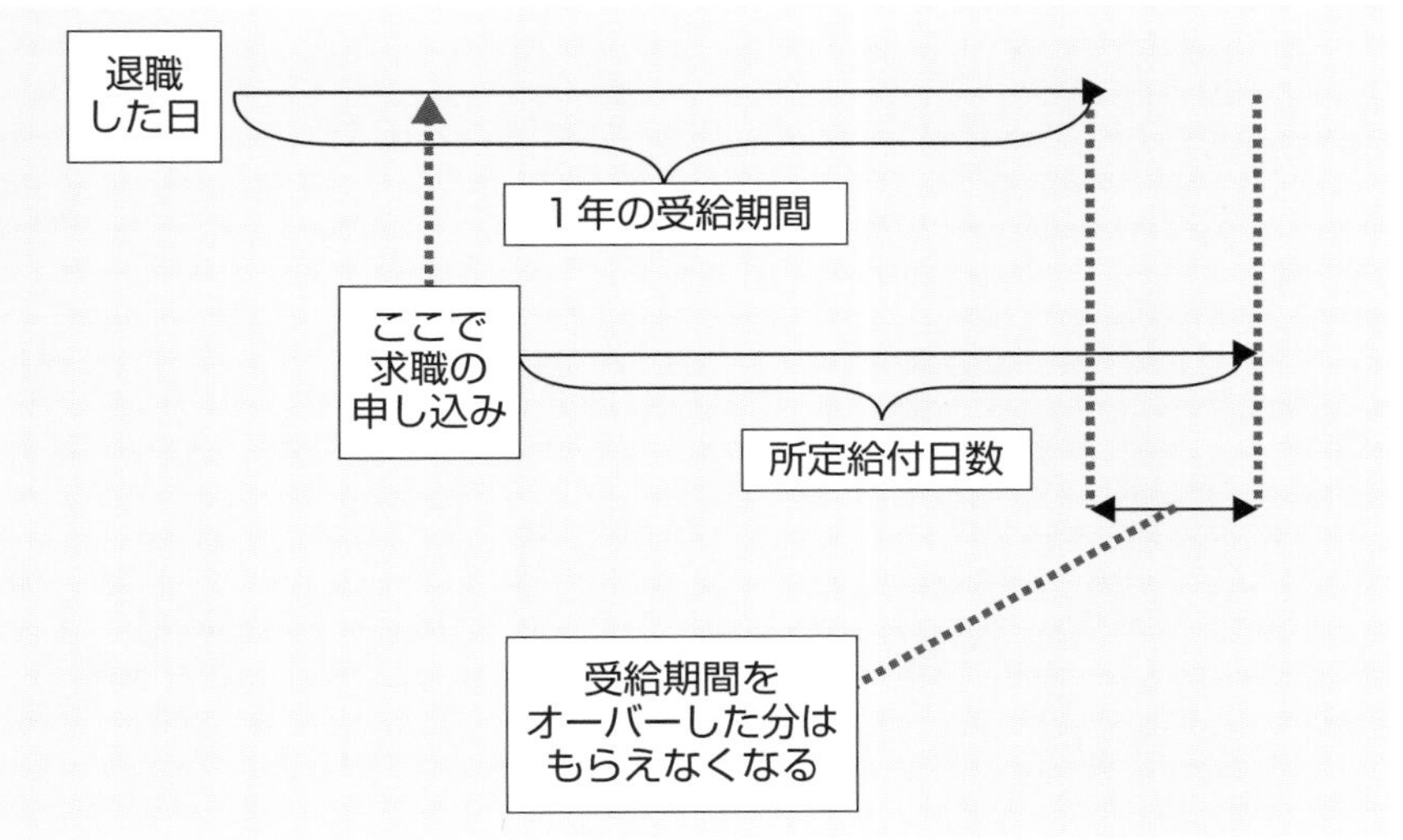

受給期間が延長されるケース

- 会社都合で離職を余儀なくされた人
- 45歳以上60歳未満の人
- 被保険者期間が20年以上

→

受給期間は1年プラス30日まで延長

条件2

- 45歳以上65歳未満の人
- 被保険者期間が1年以上
- 障害等により就職困難な人

→ 所定給付日数は360日

受給期間は1年プラス60日まで延長

7 定年で退職する人でも、基本手当は受け取れる

定年で退職した人でも、その後も働き続けるという意思があれば、基本手当は支給されます。

申請については、他の離職者の場合と同じです。雇用保険の被保険者証と、会社から渡される離職票1・2を持ってハローワークで求職の申し込みをしてください。その後の受給説明会や4週間ごとの失業認定日についても、他の離職者のケースと同じになります。

所定給付日数については、65歳未満であれば「自己都合等によって退職」した人と同じ扱いになります（ただし、最初の3ヵ月間にかかる給付制限はありません）。

注意したいのは、65歳以上で退職をした人の場合です。このケースでは基本手当は支給されませんが、一定の要件に該当すれば、基本手当に相当する「高年齢求職者給付金」を受け取れます。

要件としては、特定理由離職者と同様の扱いになり、「失業状態であること」、「退職日以前の1年間で、雇用保険の被保険者であった期間が6ヵ月以上あること」が求められます。

基本手当日額の計算方法については、65歳未満のケースと同様ですが、所定給付日数という計算は適用されません。代わりに、被保険者期間が1年未満であれば30日分、1年以上であれば50日分の給付が一括でなされます。あくまで一時金という形で支給されると理解してください。

なお、65歳未満で退職して基本手当を受けている人が、受給途中で65歳になった場合は、基本手当の受給期間が満了するまで基本手当を受け続けることができます。

定年退職をした人の基本手当はどうなるか？

65歳未満の場合

① 所定給付日数 ➡「自己都合等によって退職した人」と同じ扱い

② 3ヶ月間の給付制限 ➡「会社都合による退職」と同様に制限はかからない

65歳以上の場合

① 基本手当の代わりに「高年齢求職者給付金」（一時金）の対象に

② 要件 ➡ 特定理由離職者と同様の扱いに
- ・失業状態であること
- ・退職日以前の1年間で、雇用保険の被保険者期間が6ヶ月以上あること

③ 給付金は一括支給（所定給付日数は適用されない）
- ・被保険者期間が1年未満 ➡ 30日分
- ・被保険者期間が1年以上 ➡ 50日分

※平成29年1月からは65歳以上の方も雇用保険に加入するため、再就職後、再び離職した場合は「高年齢求職者給付金」が支給されます。

8 60歳になって再就職、賃金が大幅に下がった場合には？

定年退職後も「もう少し働き続けたい」という希望がある場合、仮に再就職できたとしても「高齢になっての再就職は給与が大きく下がってしまう」ことがネックになりがちです。好条件の再就職口が見つかりにくいゆえに、基本手当の受給期間が満了になってしまうケースもあります。

そこで、再就職後に給与をもらう立場になっても、雇用保険から一定の給付金を受け取れる「高年齢再就職給付金」に注目しましょう。給付金を受け取るための要件は、以下のようになります。

①直前の離職時に、雇用保険の被保険者であった期間が通算して5年以上ある
②失業給付の基本手当を受給し、受給日数を100日以上残したまま再就職する
③60歳以上65歳未満で、かつ、再就職先で1年を超える雇用期間が予定されている
④再就職後の給料が支給限度額未満で基本手当の基準となった賃金日額の75％、支給限度額36万5114円未満まで低下した
⑤再就職手当を受給していない

要件を満たす人は、ハローワークに申請を行ないますが、再就職先によっては会社側から代わって申請をしてもらえることもあります。まずは会社の人事・総務の担当者に問い合わせましょう。

支給金額は、次ページの計算式（条件⑥）で算出されます。受給期間は、基本手当の残日数が、①100日以上200日未満で「再就職の翌日から1年」、②200日以上で「再就職の翌日から2年」です。ただし、受給期間内でも、65歳を迎えた場合は、その段階で給付は打ち切られます。

「高年齢再就職給付金」をもらうには

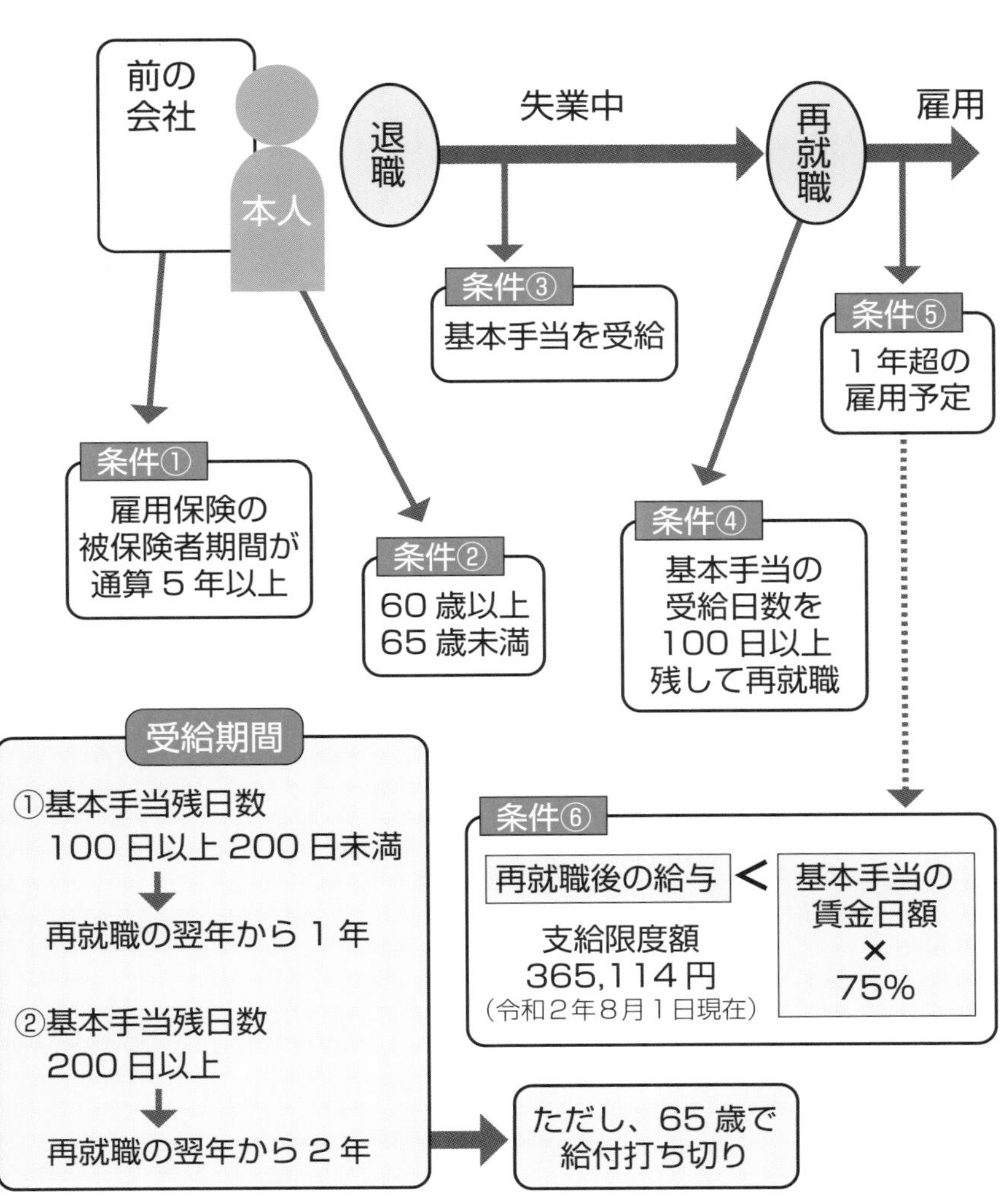
前の
会社
本人
退職
失業中
再就職
雇用
条件③
基本手当を受給
条件⑤
1年超の
雇用予定
条件①
雇用保険の
被保険者期間が
通算5年以上
条件②
60歳以上
65歳未満
条件④
基本手当の
受給日数を
100日以上
残して再就職
受給期間
①基本手当残日数
100日以上200日未満
再就職の翌年から1年
②基本手当残日数
200日以上
再就職の翌年から2年
条件⑥
再就職後の給与
<
基本手当の
賃金日額
×
75%
支給限度額
365,114円
(令和2年8月1日現在)
ただし、65歳で
給付打ち切り

9 60歳になっても、「やはり今の会社で働き続けたい」場合

本書を読まれる方は「退職」を考えている人がほとんどでしょう。しかしながら、中には「定年後も働き続けられる職場を紹介されたが、給与が大幅にカットされる。いったん離職して再就職先を探したほうがいいだろうか」という迷いもあると思われます。

その場合に活用したいのが、「高年齢雇用継続基本給付金」です。これは定年後も働き続ける60歳以上65歳未満の人に毎月支給されるもので、定年前（60歳到達時）に比べて給料が75％未満まで低下した場合に、その低下率に応じて給付がなされます（賃金の上下限あり）。

給付要件としては、年齢や賃金低下率のほか、「雇用保険の被保険者期間が、賃金低下以前に5年以上あること」が必要です。ただし、それ以前に基本手当等を受給したことがある場合には、受給後の期間が5年以上あることが必要となります。

申請は原則としてハローワークに行ないますが、60歳到達時の賃金証明書などが必要になるので、まずは会社の人事・総務の担当者に申し出てください。

給付金の計算方法は、高年齢再就職給付金と同じです。ただし、支給を受ける予定の月の賃金が36万5114円（令和2年8月1日現在、以後、毎年8月に改定されます）を超える場合には、支給はなされません。また、支給額と賃金の合計が36万5114円を上回る場合には、この金額から賃金額を差し引いた金額が支給されます。

退職前に知っておこう―高年齢雇用継続基本給付金について

誰がもらえるのか?

① 定年後も働き続ける60歳以上65歳未満の人
② 定年後の給与 ＜ 定年前の給与 × 75%
③ 雇用保険の被保険者期間が、賃金低下前に5年以上あること
④ 基本手当の受給経験がある人 ➡ 受給後の期間が5年以上
⑤ 60歳到達時の賃金証明書がある人
⑥ 支給予定の給与額が、月額36万5114円以下の人
（令和2年8月1日現在、この数字は毎年変わるので注意）

月々いくらもらえるのか?

Ｘ＝60歳時の賃金　Ｙ＝60歳以後の賃金

	（Ｙ＋給付金）≦365,114円	（Ｙ＋給付金）＞365,114円
ＹがＸの61%未満	Ｙ×15%	365,114円 － Ｙ
ＹがＸの61%以上75%未満	Ｙ×０～15%（賃金低下率によって計算）	

10 基本手当と老齢厚生年金は同時にはもらえない

雇用保険の基本手当は、退職後から再就職までの生活費を補うことを目的とした給付です。となれば、定年退職後に発生する老齢厚生年金の給付とダブる可能性も出てきます。

しかしながら、60歳から64歳までの間は、この両方を受給する権利を持っている人は、どちらか支給額が高いほうだけをもらえるという仕組みになっています。

一般的には基本手当のほうが高くなるケースが多いので、基本手当を受給している間、老齢厚生年金の支給は停止されます。基本手当の受給期間が過ぎた後に、ふたたび老齢厚生年金の支給がスタートすることになります（逆の場合は、基本手当は支給されません）。

ただし、基本手当の給付日数は再就職等によって受給が停止するわけですが、老齢厚生年金は30日単位の計算になるので、どちらも支給されない空白日が生まれます。その場合、基本手当の給付日数が（再就職等によって）確定した段階で調整が行なわれ、差額が後から支払われます。

また、高年齢雇用継続基本給付金も年金との併給を調整されますが、基本手当のケースのように、年金が全額停止になることはありません。高年齢雇用継続基本給付金を受けている間は、60歳以後の標準報酬月額のうちの、最大6％相当の年金がカットされた状態で支給されます。

つまり、高年齢雇用継続基本給付金に限っては、老齢厚生年金とのダブル給付が行なわれる可能性もあるというわけです。

失業給付等（雇用保険）と年金との調整

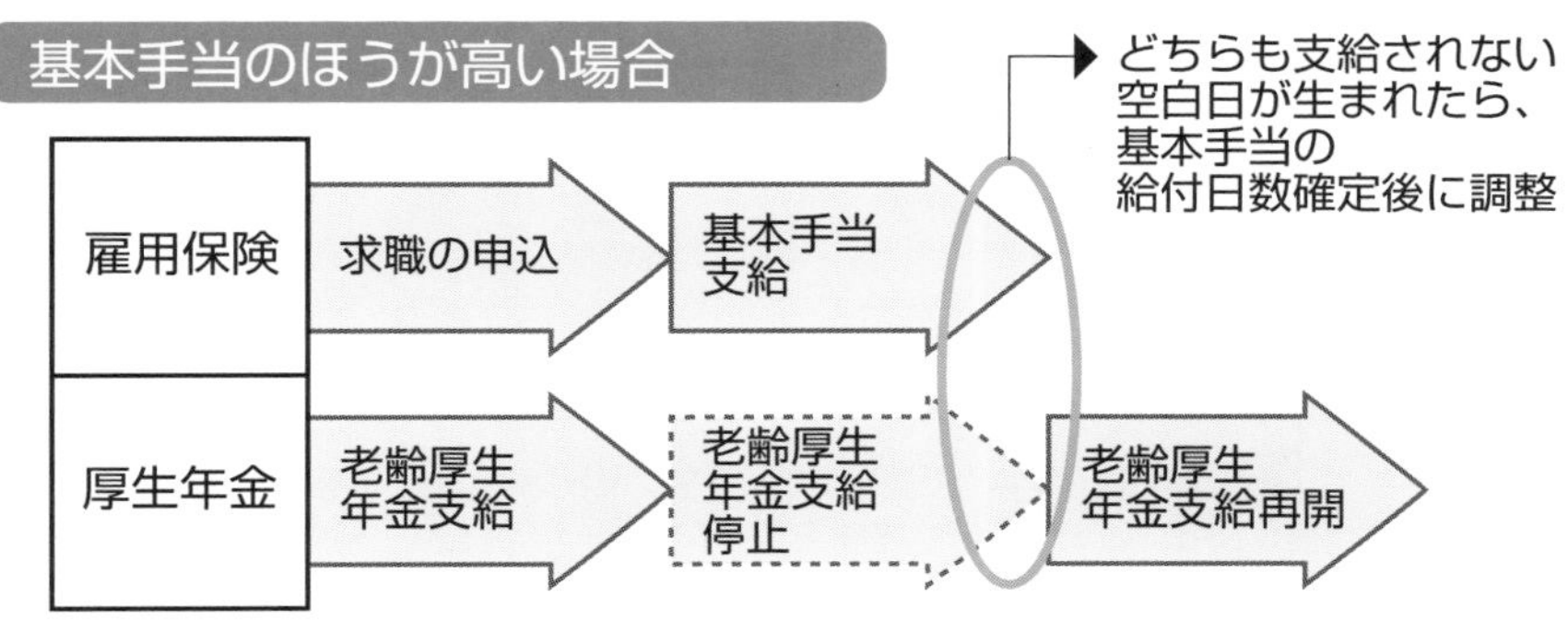
基本手当のほうが高い場合
雇用保険
求職の申込
基本手当
支給
どちらも支給されない
空白日が生まれたら、
基本手当の
給付日数確定後に調整
厚生年金
老齢厚生
年金支給
老齢厚生
年金支給
停止
老齢厚生
年金支給再開

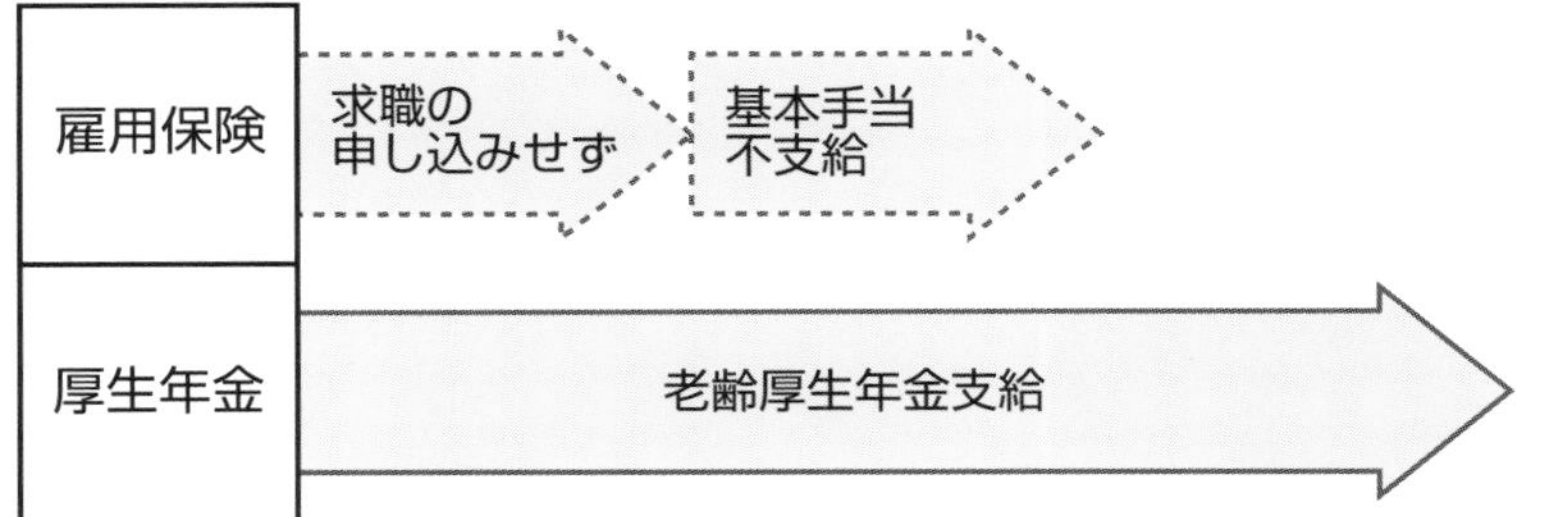
老齢厚生年金のほうが高い場合
雇用保険
求職の
申し込みせず
基本手当
不支給
厚生年金
老齢厚生年金支給

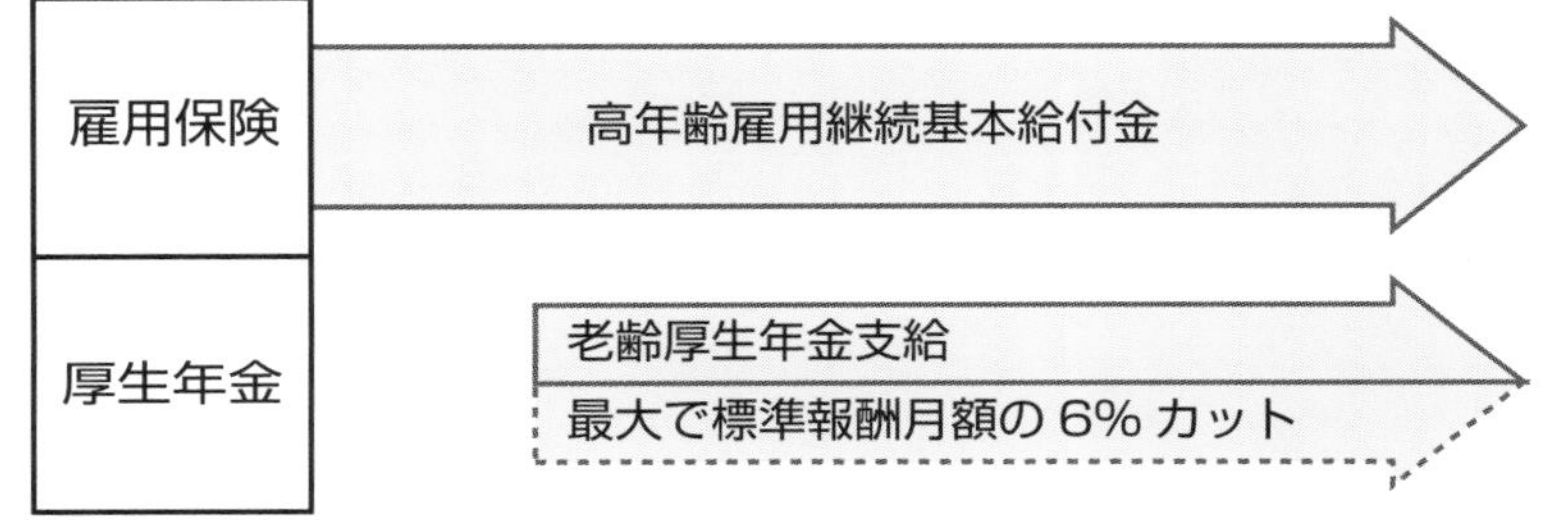
高年齢雇用継続基本給付金の場合
雇用保険
高年齢雇用継続基本給付金
厚生年金
老齢厚生年金支給
最大で標準報酬月額の 6% カット

11 基本手当とは別にもらえる技能習得手当

雇用保険による失業等給付には、基本手当以外にも様々なメニューがあります。まずは、基本手当とは別に、求職者の様々な状況に応じてプラスされる給付を紹介しましょう。

一つは「**技能習得手当**」です。これは、基本手当の受給資格がある人が、ハローワーク所長の指示を受けて公共職業訓練等を受けるときに受給するものです。

技能習得手当には、公共職業訓練等を受ける際にもらえる受講手当のほか、職業訓練施設に通うための交通費等にあてる通所手当があります。ともに、退職後に求職申し込みをした際、ハローワーク側と相談したうえで「**公共職業訓練等受講届・通所届**」をもらって必要事項を記入し、受給資格者証を添えてハローワークに提出してください。

職業訓練の受講が認められると、公共職業訓練等受講証明書と受講資格者証が渡されます。失業認定日に、両証明書を提出すれば、基本手当に加えて技能習得手当が支給されます。

受講手当については、基本手当の支給対象となる期間に、公共職業訓練を受けた日数分が支給されます。日額500円で上限は40日分（月額2万円）となっています。

一方、**通所手当**については、その人がどのような方法で職業訓練施設に通うかによりますが、上限は月額4万2500円と定められています。この他に、施設に通ううえで寄宿が必要となる場合には、月額1万700円の寄宿手当を受給できるケースもあります。

技能習得手当をもらうまでの流れ

退職

ハローワークに求職の申し込み

・ハローワーク側と職業訓練について相談
・公共職業訓練等受講届・通所届に必要事項を記入
・受給資格者証をハローワークに提出

職業訓練の受講認可
公共職業訓練等受講証明書と受講資格者証の交付

失業認定日
公共職業訓練等受講証明書と受講資格者証の提出

以下が支給される
基本手当
＋
受講手当（日額500円、上限は月額2万円）
＋
通所手当（上限は月額4万2500円）

※他に寄宿手当がつく場合も

12 病気やケガで再就職がすぐには難しい場合の傷病手当

求職の申し込みをしたのはいいけれど、その後に病気やケガを負い、すぐには再就職ができないという場合、基本手当の受給に必要な「働く能力」という要件が満たせなくなります。そこで、基本手当の代わりに傷病手当という仕組みを設け、基本手当と同額の受給が受けられるようにしたものです。

要件としては、15日以上引き続いて就労が難しいという状況にあることです。14日以内であれば、「働く能力はある」ものとして基本手当が支給されます。

基本手当と大きく変わるのは、病気やケガの状態が重く、30日以上就業できないといったケースです。その場合は、最大で3年間受給期間を延長できます。ただし、所定給付日数を伸ばすことはできないので注意してください。あくまで、病気やケガの治癒に専念したうえで、健康な状態に戻ってから求職活動をスタートし、その間に基本手当と同額の給付が受けられると解釈しましょう。

傷病手当の申請については、病気やケガによって自ら申請におもむけないということもあります。そこで、傷病手当の申請に限って、代理人や郵送による申請が認められています。

なお、雇用保険の傷病手当は、あくまで求職申し込みをした後に「病気やケガを負った」ことが要件になります。例えば、在職中に病気やケガを負って長期に休まなければならなくなったというケースでは、健康保険による「傷病手当金」が支給されます（次章参照）。

傷病手当はどのように適用されるのか？

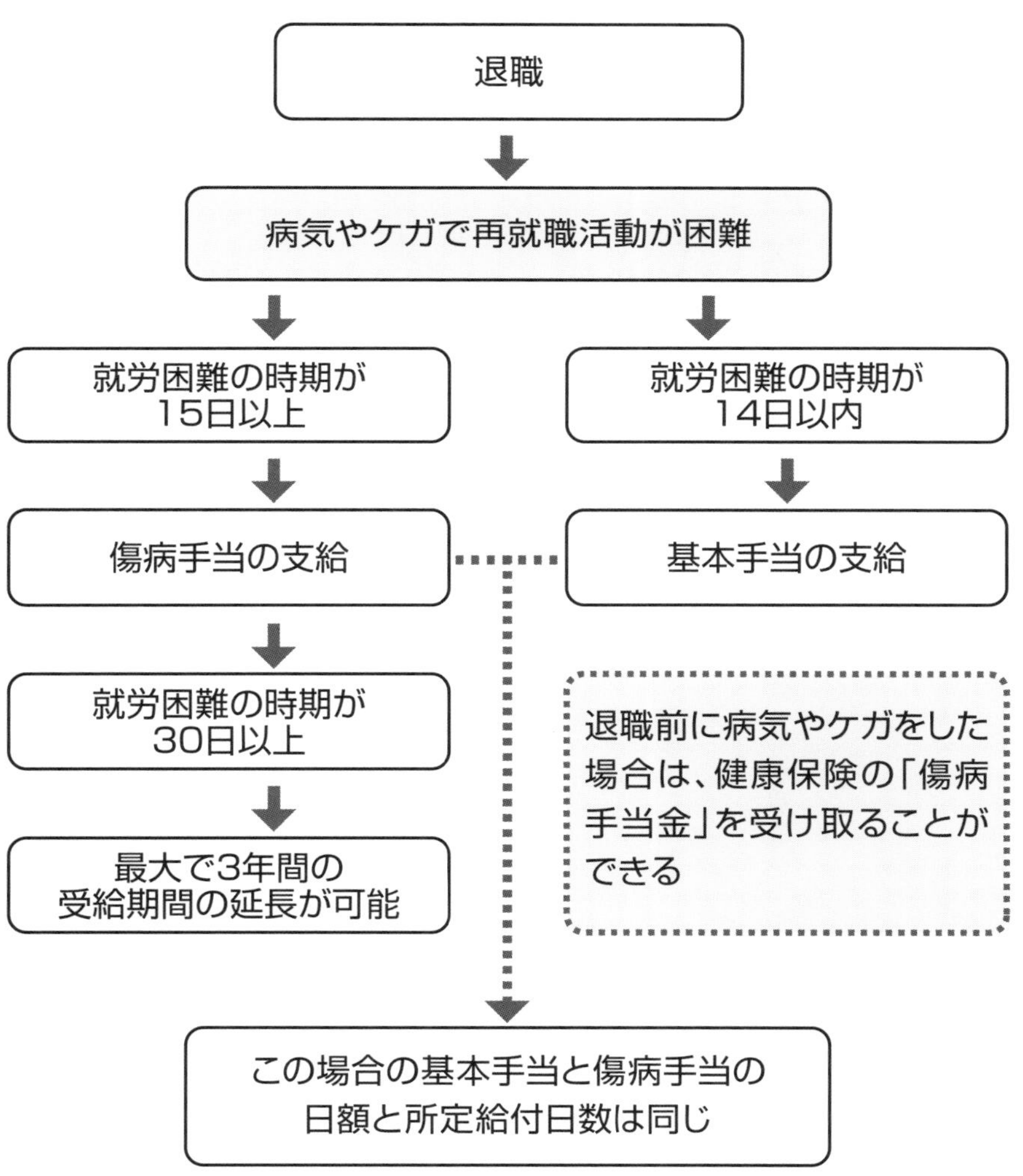

13 早く再就職するほどトクになる再就職手当

失業給付の基本手当は、再就職をした時点で受給できなくなります（ちなみに、再就職を果たしたにもかかわらず、その旨を申告せず、失業認定を受け続けると不正受給となります。その場合、不正受給分の3倍の金額を支払わなければならなくなるので注意が必要です）。

ただし、早期に再就職を果たした場合には、残っている給付日数分の基本手当のうち、一定の割合をもらうことができます。これを就職促進給付の中の「**再就職手当**」と言います。再就職だけでなく、自分で事業を始めた場合でも給付の対象となります。受給要件は以下のとおりです。

①受給手続き後、7日間の待期期間が過ぎた後に再就職、または事業を開始したこと。
②再就職した日の前日に、基本手当の給付日数が3分の1以上残っていること。
③退職した前の会社に再就職したり、グループ企業などに就職したものでないこと。また、受給手続き前に再就職が決定していたといったケースも無効。
④自己都合による退職などで3ヵ月間の給付制限がある場合、待期期間満了後1ヵ月以内に就職した先について、ハローワーク等の紹介によるものであること。
⑤再就職先に、1年を超えて勤務することが確実であること。また、再就職手当の支給決定日までに離職をしていないこと。過去3年以内に再就職手当又は常用就職支度手当を受けている場合も無効。

不正受給が発生しやすい手当なので、要件が厳しく定められている点に注意しましょう。

「再就職手当」を受けるための要件

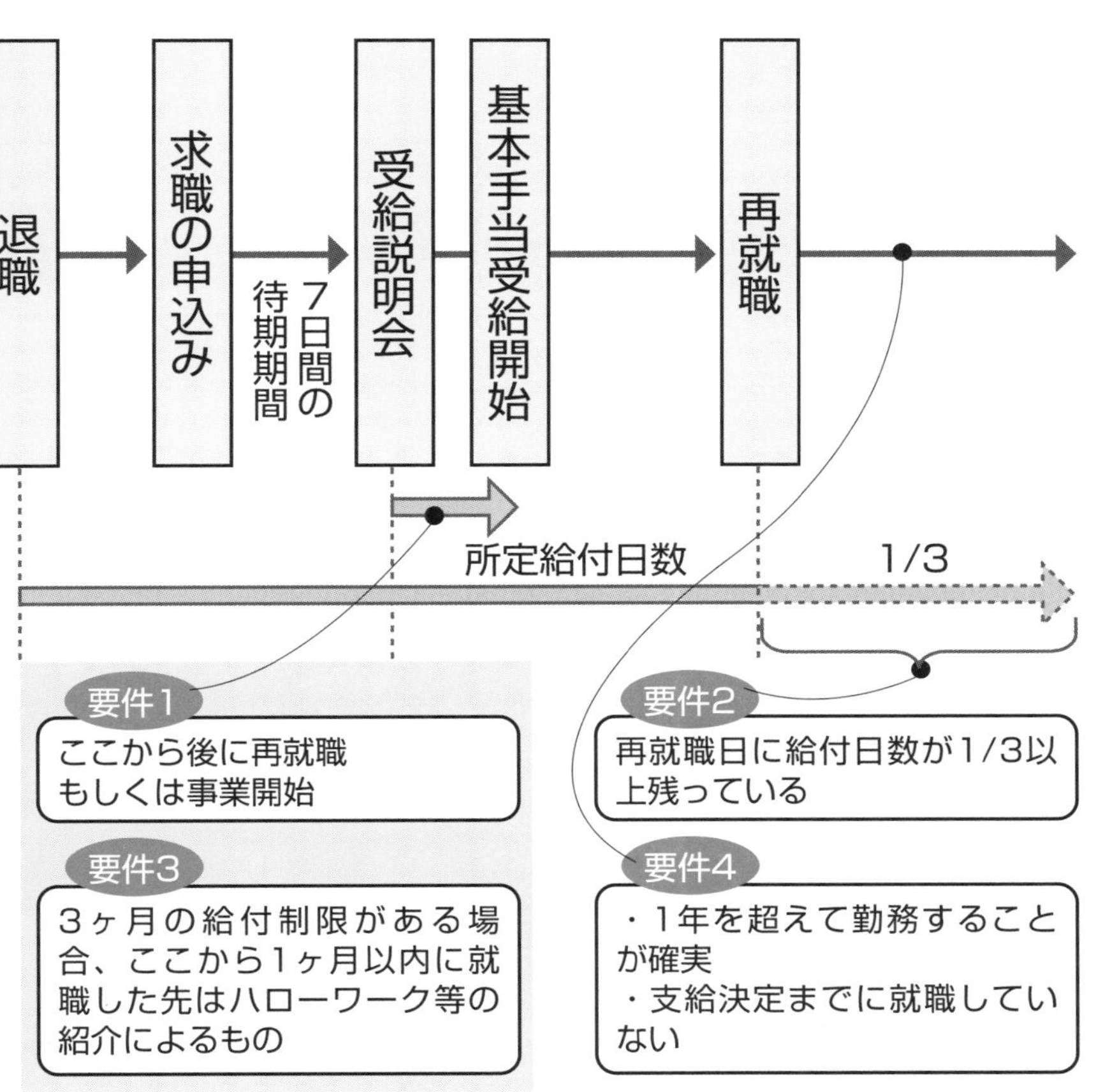

無効要件

- 前の会社に再就職
- 前の会社のグループ企業等に就職
- 過去3年以内に再就職手当又は常用就職支度手当を受けている

14 再就職手当はいくらもらえるのか？

前項の要件を満たした場合、再就職手当はいくらもらえるのでしょうか。

受給額は、基本手当の日額に基本手当の支給の残り日数をかけた金額をもとに、残日数に応じた割合が支給されるという計算になります。この割合ですが、①給付日数が残り3分の2以上ある場合は70％、②残り3分の1以上ある場合は60％となります。

つまり、**早く再就職を果たすほど、受給額が増えるという仕組み**になっているわけです。

なお、基本手当の計算のところでも述べましたが、計算に使う基本手当日額には上限があります。令和2年8月1日現在、①60歳未満の人で6195円、②60歳以上65歳未満の人で5013円となり、その後毎年8月1日以降に変更されることがあります。

ちなみに、アルバイトなど常用雇用以外の形態で再就職をした場合には、再就職手当の対象とはなりません。その代わり、「**就業手当**」（支給残日数が3分の1以上かつ45日以上ある場合）を受給することができます。

就業手当は、基本手当の支給残日数ではなく、就業1日あたりで受給額が計算されます。つまり、基本手当日額に就業日を掛けた金額がベースとなり、そのうち30％が支給されます。

ただし、一日あたりの支給額には上限が設けられており、60歳未満で1858円。60歳以上65歳未満で、1503円となります。この金額も毎年8月1日以降に変更されることがあります。

再就職手当の計算方法

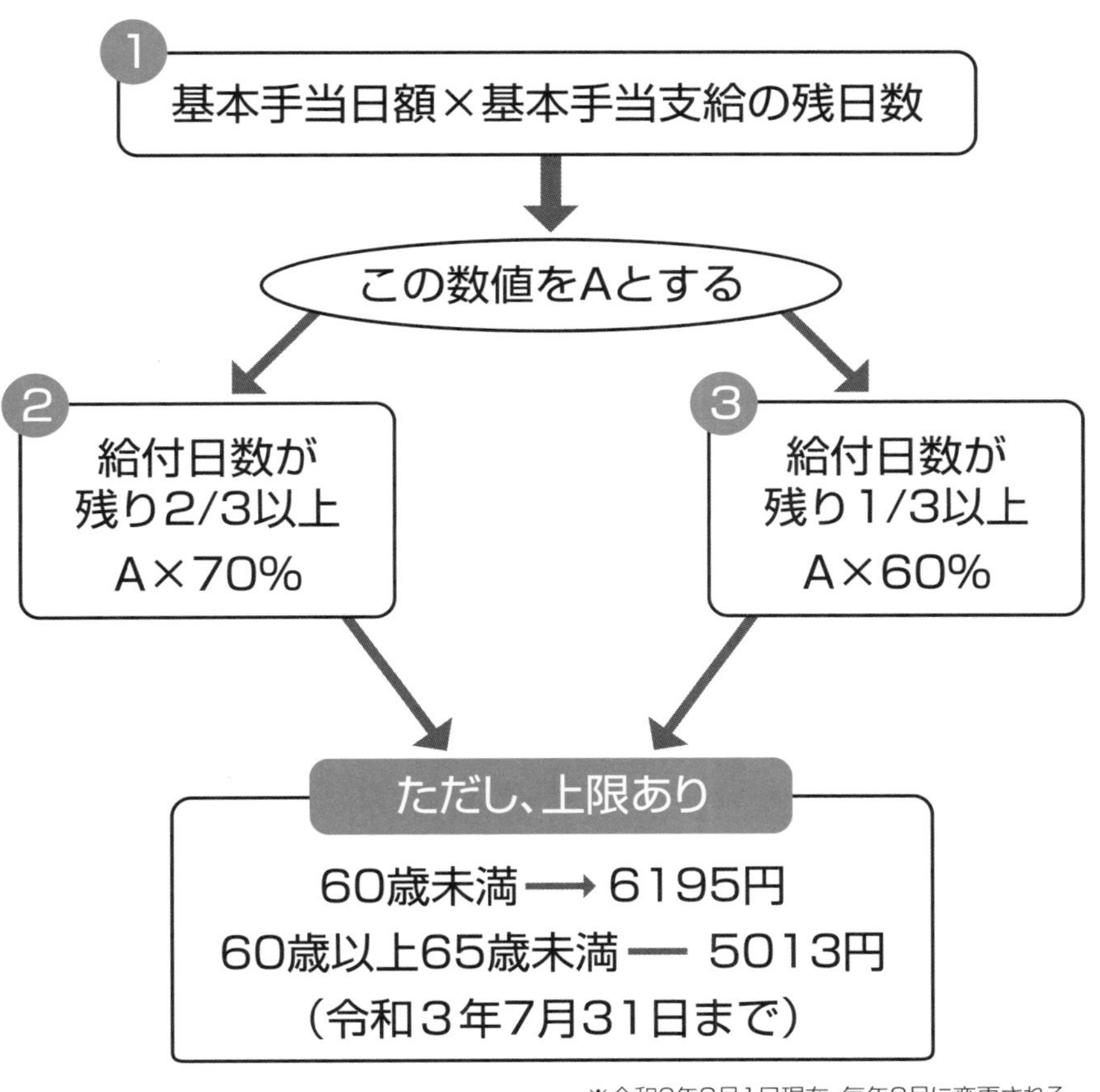

※令和2年8月1日現在。毎年8月に変更される。

※就業手当の場合（アルバイトなどで就業）

基本手当日額×就業日数×30%

15 再就職で給料が大幅ダウン！そんなときは就業促進定着手当を

再就職が決まり、新たなスタートを切りたいところですが、残念ながら給料が大幅にダウンしてしまった。そんな人には**就業促進定着手当**があります。再就職手当の支給を受けた方のうち、再就職先での6か月間の賃金が、雇用保険の給付を受ける直前の賃金（離職前の賃金）よりも低い場合に、基本手当の支給残日数の40％を上限として、低下した賃金の6か月分を「就業促進定着手当」として支給することになりました。

賃金は生活の基本になりますから、求職活動でも重要な要素の一つです。ですが、目先の給料を気にするあまり、本当はやってみたい仕事なのに、とか職場の雰囲気は自分に合っているのに、という求人に応募する勇気が持てないためせっかくの機会を失ってしまうこともあります。

ハローワークを通じて求職活動をしているものの、再就職先の賃金が前の会社よりも低下するからということで、本人や家族が再就職を躊躇してしまっているという問題は以前から指摘されていました。そこで早期再就職を促すために、賃金が減少する人のリスクをカバーする就業促進定着手当の制度を作りました。

就業促進定着手当の対象者は、次の要件をすべて満たしている方になります。

①再就職手当の支給を受けていること
②再就職の日から、同じ事業主に6か月以上、雇用保険の被保険者として雇用されていること

（起業により再就職手当を受給した場合には、「就業促進定着手当」は受けられません）

③所定の算出方法による再就職後6か月間の賃金の1日分の額が、離職前の賃金日額を下回ること

支給額は、次の計算式のようになります。

（離職前の賃金日額−再就職手当の支給を受けた再就職の日から6か月間に支払われた賃金額の1日分の額）×再就職の日から6か月間内における賃金の支払いの基礎となった日数（通常月給制の場合は暦日数、日給月給制の場合はその基礎となる日数、日給制や時給制の場合は労働の日数）

ただし、次のような上限額があります。

・上限額：基本手当日額×基本手当の支給残日数に相当する日数×40％

基本手当日額の上限は、6195円（60歳以上65歳未満は5013円）となります（令和2年8月1日現在）。

「就業促進定着手当」の支給申請書は再就職からおおむね5か月後にハローワークから郵送されますので、期限までに必要書類を添えて申請手続を行ってください。ハローワークにきちんと、郵送先を届けておきましょう。申請期間は、再就職した日から6か月経過した日の翌日から2か月間、となっていますので、気をつけてください。申請先は、再就職手当の支給申請を行なったハローワークとなっていますので、不明な点があったら、ハローワークに確認してください。

そのほかにも求職者の就職を促進する「短期訓練受講費」や「求職活動関係役務利用費」などの手当があります。

就業促進定着手当の計算方法

就業促進定着手当の計算式

（離職前の賃金日額－再就職後６か月間の賃金の一日分）

× 再就職後６か月間の賃金の支払い基礎となった日数

再就職後６か月間の賃金の一日分の額の計算式

月給の場合：６か月間の賃金合計 ÷１８０

日給・時給の場合：a､b のうちどちらか高いほう

a：６か月間の賃金合計 ÷１８０

b：６か月間の賃金合計 ÷ 賃金支払いの基礎となった日数）×７０％

チェック

◎賃金には通勤手当、皆勤手当などを含みます。

◎賞与など３か月を超えて支払われるものは含みません。

◎賃金日額には上限額、下限額が決められています。

●短期訓練受講費とは

「短期訓練受講費」は、ハローワークの指導で1か月未満の教育訓練を修了した場合に、訓練費用の一部が支給されるというものです。ハローワークの職業指導により再就職のために必要な職業に関する教育訓練を受け、当該訓練を修了した場合に、本人が訓練受講のために支払った教育訓練経費の2割（上限10万円、下限なし）が支給される制度です。

■短期訓練受講費の受給要件について

短期訓練受講費の支給を受けるには以下の要件を満たしていることが必要です。

・教育訓練を受講する前に、その訓練を受けるためのハローワークの職業指導（以下「受講指導」と言います）を受けていること。
・受講指導を受ける日において、受給資格者等であること。
・待期の期間が経過した後に教育訓練の受講を開始したこと。

■支給対象となる教育訓練とは

1　一般教育訓練給付の対象講座を実施している教育訓練実施者が実施していること。
2　公的職業資格の取得を目標とする1か月未満の教育訓練であること。
3　一般教育訓練給付の対象講座として指定されていないこと（ただし、一般教育訓練給付の講座指定を受けている場合であっても、一般教育訓練給付の支給要件を満たさない者が受講した場合は対象となります）。
4　教育訓練の開始時期、内容、対象者、目標及び修了基準が明確であり、教育訓練実施者が、その訓練について、適切に受講されたことを確認し、修了させるものであること。

■短期訓練受講費の支給について

本人が訓練受講に支払った教育訓練経費の2割（上限10万円、下限なし）が支給されます。

●育児をしながらの求職活動を手助けする「求職活動関係役務利用費」

求人者と面接等をしたり教育訓練を受講するため、子について保育等サービスを利用した場合に、保育等サービスの利用のために本人が負担した費用の一部（上限額あり）が支給される制度です。

■求職活動関係役務利用費の受給要件について

求職活動関係役務利用費の支給を受けるためには以下の要件を満たすことが必要です。

1　保育等サービスを利用した日において受給資格者等であること。

2　待期の期間が経過した後に保育等サービスを利用したこと（※待期の期間が経過する前に保育等サービスの利用を開始した場合は、待期の期間が経過した後の保育等サービスの利用分のみ支給対象となります）。

3　対象となる面接等、教育訓練は次の通りです。

①求人者との面接等……求人者との面接等とは、求人者との面接のほか、筆記試験の受験、ハローワーク、許可・届出のある職業紹介事業者等が行なう職業相談、職業紹介等、公的機関等が行なう求職活動に関する指導、個別相談が可能な企業説明会等、失業認定における求職活動に該当する活動であること。

②教育訓練の受講……教育訓練の受講とは、ハローワークの指示・推薦により公共職業訓練等を受

講する場合、就職支援計画に基づき求職者支援訓練を受講する場合、ハローワークの指導により各種養成施設に入校する場合、教育訓練給付の対象訓練及び短期訓練受講費の対象訓練等を受講している場合であること。

4　対象となる子（年齢制限なし）は次のようになります。

①法律上の親子関係に基づく子（実子の他養子も含む）
②特別養子縁組を成立させるために監護を受けている者
③養子縁組里親に委託されている者、養育里親に委託されている者

■求職活動関係役務利用費の支給について

1　支給額

保育等サービス利用のために本人が負担した費用（保育等サービス利用費）の80％が支給（1日あたりの支給上限額6400円）されます。

2　保育等サービス利用費の算出方法

①日払いの場合……面接等、教育訓練を受けた日に要した利用費を1日単位で申請
②月額の場合……『月額費用÷その月の暦日数×面接等や教育訓練を受けた日数』で算出した額を申請

3　支給対象となる上限日数

①求人者と面接等をした日　『15日』
②対象訓練を受講した日　『60日』

16 遠方地での就職まで視野に入れた場合の給付もある

ハローワークなどで紹介された職場が遠方であった場合、面接等でその地まで行くのに費用がかかったり、仮に就職が決まったとしても移転の費用が必要になるといったケースもあります。

そうした移動や移転の費用なども、雇用保険の就職促進給付でまかなわれることがあります。

まず、広域での就職活動を行なう場合、その地までの交通費や宿泊費などについては「広域求職活動費」という受給メニューがあります。また、就職が決まって、その地に移転する場合の費用は「移転費」として支給対象となります。移転費には、往復4時間以上かけて公共職業訓練を受講する場合や、移転の際の家族の分の交通費や引っ越しの費用なども含まれます。

受給を希望する人は、それぞれの費用の申請書と受給資格者証等を添えて、求職の申し込みを行なったハローワークに届け出てください。広域求職活動費については、ハローワーク等からその地での求職活動を終了した日の翌日から10日以内に、移転費については、移転の日の翌日から起算して1カ月以内に申請することが必要です。

なお、広域求職活動費については、200キロメートル未満である場合には支給されません。また、求職活動をまったく行なわなかったり、さぼってしまった場合は、給付費の一部または全額の返還を求められることもあるので注意しましょう。これは、移転費についても同様で、紹介された職に就かなかったりした場合には返還の対象となります。

遠方で求職活動を行なう場合

ハローワークから遠方の職場紹介

広域求職活動費

①

その地での求職活動
住居地から200キロ以上

交通費（200キロ以上）や
宿泊費（400キロ以上）

広域求職活動費
の支給

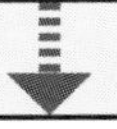

求職活動が
終了した日の
翌日から
10日以内に申請

移転費

②

その地で就職
（往復4時間以上）

その地に引っ越す
ための費用

移転費の支給

移転の日から
1ヶ月以内に申請

17 大幅に拡充された教育訓練給付でキャリアアップを

「**教育訓練給付制度**」とは、働く方の主体的な能力開発の取り組み、または中長期的なキャリア形成を支援し、教育訓練を受講した場合に、その支払った費用の一部を支給する制度です。

退職した方はもちろん、在職中にキャリアアップを目指す方も利用できます。

平成26年10月1日より、「**一般教育訓練の教育訓練給付金**」と「**専門実践教育訓練の教育訓練給付金**」の2本立てになりサポートの内容が充実しました。さらに、令和元年10月1日からは「特定一般教育訓練給付金」制度が始まり、ITスキルや資格取得などキャリアアップ効果の高い講座を対象に給付率が2割から4割に倍増されました。

また、初めて専門実践教育訓練（通信制、夜間制を除く）を受講する方で、受講開始時に45歳未満など一定の要件を満たす方が、訓練期間中失業状態にある場合には、訓練受講をさらに支援するため「教育訓練支援給付金」が支給されます。

●雇用の安定と再就職の促進を図る給付制度

この制度は働く人が自ら行なう、主体的な能力開発の取り組み、または中長期的なキャリア形成を支援するため、教育訓練受講に支払った費用の一部を支給する制度です。

また専門実践教育訓練を受講する45歳未満の離職者の方に対しては、基本手当が支給されない期

教育訓練給付制度とは?

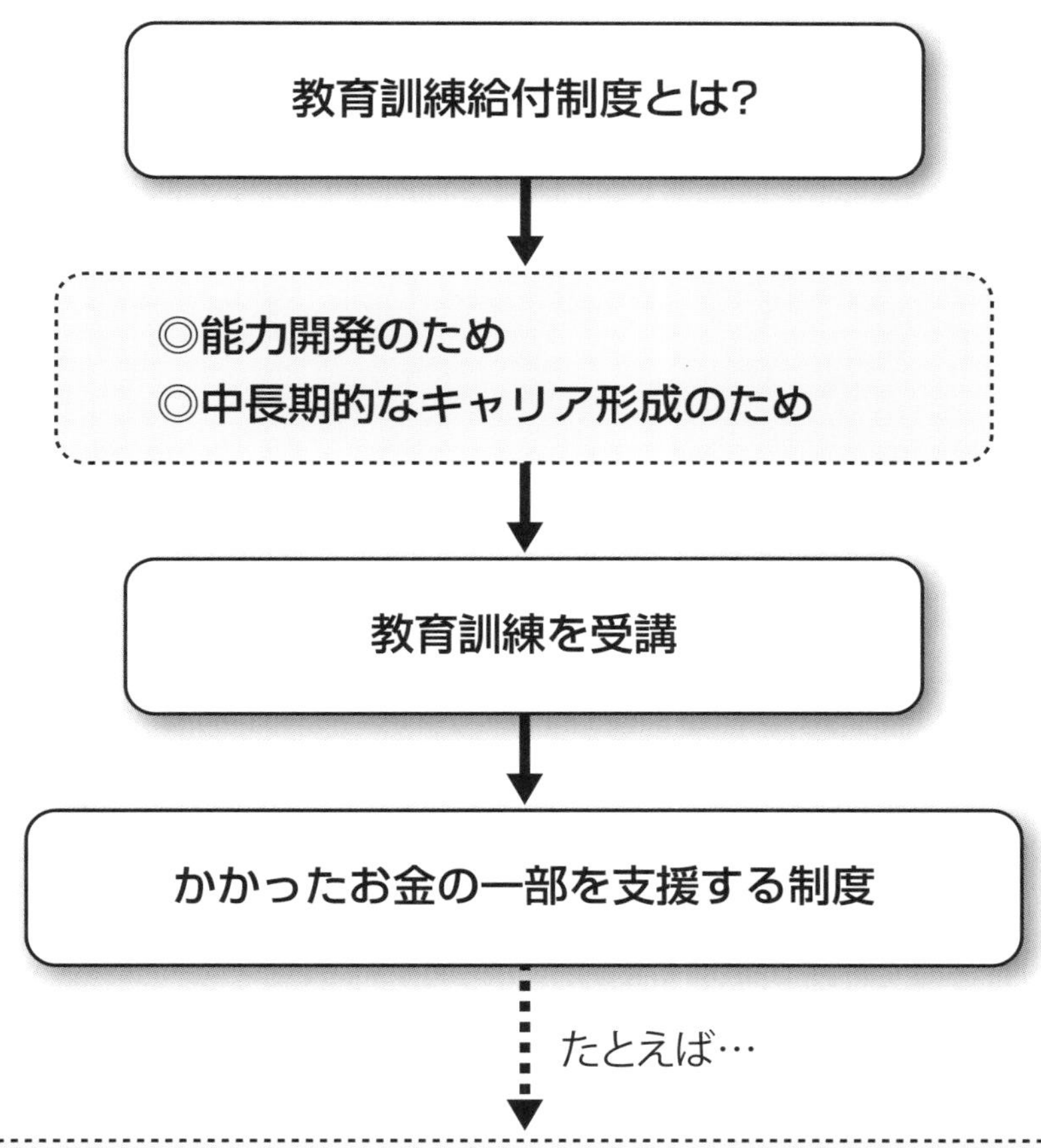
教育訓練給付制度とは?
◎能力開発のため
◎中長期的なキャリア形成のため
教育訓練を受講
かかったお金の一部を支援する制度
たとえば…
◎一般教育訓練（費用の20%上限　年間10万円）
◎特定一般教育訓練（費用の40%上限　年間20万円）
◎専門実践教育訓練（費用の最大70%　最大で224万円）

間について、受講に伴う諸経費の負担についても支援を行なうことにより、雇用の安定と再就職の促進を図ることを目的とする雇用保険の給付制度です。

教育訓練給付の対象となる教育訓練は、原則として離職後1年以内に受講を開始することとし、出産育児や負傷疾病により受講できない場合の延長は最大で4年間でした。

平成30年1月からはこの延長期間が20年間となります。

離職後に相当期間（離職日が平成10年1月1日以降の方が対象）経過した場合でも、条件を満たせば教育訓練を受講できることになります。

なお一般教育訓練は在職者でも受けることができます。

●教育訓練の内容

◎一般教育訓練

教育訓練にかかった費用のうち20％に相当する額となります。ただし、その額が10万円を超える場合は10万円とし、4千円を超えない場合は支給されません。

受講開始日前1年以内に、キャリアコンサルタントが行なうキャリアコンサルティングを受けた場合は、その費用を、教育訓練経費に加えることができます。

ただし、その額が2万円を超える場合の教育訓練経費とできる額は2万円までとします（平成29年1月1日以降にキャリアコンサルティングを受講した場合に限ります）。

教育訓練給付

		教育訓練給付	
		（特定）一般教育訓練給付	専門実践教育訓練給付
被保険者であった期間又は前回受講してから経過した期間		３年以上（初めて給付を受ける場合は１年以上）	３年以上（初めて給付を受ける場合は２年以上）
		・被保険者資格を喪失した日から１年(最大延長 20 年)以内 ・前回の受講開始日から３年以上	
給付内容	一般	受講費用の２割（10万円まで）	受講費用の 5 割（年間 40 万円まで）。 ただし、資格取得後就職したらさらに上積みされ、受講費用の２割（年間合計56万まで。条件により最大２２４万円支給）
	特定一般	受講費用の４割（20万円まで）	
訓練期間		・通学の場合：１か月以上１年以内で受講時間50時間以上 ・通信の場合：３か月以上１年以内	原則２年間。 ただし、資格取得後就職したら最大３年まで延長
対象となる講座の例	一般	情報関係：CADやMOUSなど／事務関係：簿記や語学など	専門職の資格：介護福祉士、理容師、美容師、調理師など／専門職の学位：工学マネジメント、国際企業戦略研究、情報アーキテクチャー専攻など
	特定一般	税理士、社労士、FP、介護、IT資格など	

◎特定一般教育訓練

平成30年6月に「人づくり革命基本構想」などで、「ITスキルや資格取得などキャリアアップ効果の高い講座を対象に給付率を2割から4割に倍増する」とされたことを踏まえ、①業務独占、名称独占資格等（税理士、社労士など）、②IT資格（ITSレベル2以上）、③ITパスポート試験、④短時間キャリア形成促進、職業実践力育成プログラムなどを受講した場合、費用の40％年額20万円を上限に支給されます。受講するには「訓練前キャリアコンサルティング」の受講が必須となります。

◎専門実践教育

教育訓練にかかった費用のうちの50％に相当する額となります。ただし、その額が1年間で40万円を超える場合の支給額は40万円（訓練期間は最大で3年間となるため、最大で120万円が上限）とし、4千円を超えない場合は支給されません。

専門実践教育訓練の受講を修了した後、あらかじめ定められた資格等を取得し、受講修了日の翌日から1年以内に被保険者として雇用された方、またはすでに雇用されている方に対しては、さらに20％に相当する額を追加して支給します。

この場合、すでに給付された訓練経費の50％と、追加給付20％を合わせた70％に相当する額が支給されることとなりますが、その額が168万円を超える場合の支給額は168万円（訓練期間が3年の場合、2年の場合は112万円、1年の場合は56万円が上限）とし、4千円を超えない場合は支給されません。

平成29年12月31日以前に受講を開始した場合は、40％（追加を合わせると60％）上限額は年間32万円（追加を合わせると48万円）となります。

なお、法令上最長４年の専門実践教育訓練を受講している方については、３年目受講終了時に専門実践教育訓練給付の10年間における支給上限額１６８万円に、４年目受講相当分として上限56万円が上乗せされます（４年間で最大２２４万円）。

●教育訓練支援給付金

専門実践教育訓練を受講する45歳未満の離職者の方に対しては、基本手当が支給されない期間について、受講に伴って発生する諸経費の負担についても支援を行なうことにより、雇用の安定と再就職の促進を図ることを目的とする雇用保険の給付制度です。

初めて専門実践教育訓練（通信制、夜間制を除く）を受講する方で、受講開始時に45歳未満など一定の要件を満たす方が、訓練期間中、失業状態にある場合に支給します。

当該訓練受講中の基本手当の支給が受けられない期間について、基本手当の日額と同様に計算して得た額に50％の割合を乗じて得た額に、２か月ごとに失業の認定を受けた日数を乗じて得た額を支給します。

教育訓練支援給付金は平成30年度までの暫定措置とされていましたが、給付内容を拡充し２０２２年３月31日まで延長されることが決まりました。給付手当日額の50％を80％まで拡充して支給されることになりました。

雇用保険のチェックポイント！

- □給付を受けるためには自ら手続きをしないと受けられない
- □基本手当を受けるには一定期間被保険者であることと再就職の意思と能力が必要
- □基本手当に必要な書類は、「雇用保険被保険者証」と「離職票」
- □受給期間と所定給付日数に気をつけないと給付日数を消化できないことも
- □定年退職でも基本手当は受け取れる
- □条件を満たせば高年齢再就職給付金で給与の上乗せが可能
- □基本手当と老齢厚生年金は同時にもらえないが高年齢雇用継続基本給付金はもらえる可能性も
- □「技能習得手当」「傷病手当」「再就職手当」「広域求職活動費」「教育訓練給付金」を上手に利用しよう
- □賃金が下がった時には、「就業促進定着手当」がもらえる

健康保険の基礎知識と手続き

1 退職時には、雇用保険以外にも必要な手続きがある

会社を退職する際には、雇用保険以外にも様々な手続きが必要になります。大きく分けると、①**健康保険**に関する手続き、②**年金**に関する手続き、③**税金**に関する手続きの3つがあります。

①の健康保険についていえば、会社に勤めている間は、企業団体が運営する組合管掌健康保険（組合健保）、もしくは全国健康保険協会管掌健康保険（協会けんぽ）のいずれかに加入しています。退職するということは、その加入している健康保険を一度ぬけて別の健康保険に入り直すということなので、在職中に所持していた健康保険証（被保険者証）を会社に返却しなければなりません。

②の年金に関しても、会社勤務の際に入る厚生年金から一度ぬけて、別の年金制度に加入する必要があります。退職日と同じ月（退職が月末なら翌月）に再就職した場合は、再就職先の厚生年金にそのまま加入できますが、ブランクがある場合は一時的でも他の年金に加入する必要があります。

③の税金については、在職中は会社が行なっていた年末調整（月々の給与から天引きされていた所得税の清算）を、確定申告という形で自らが行なわなければなりません。すぐに別の会社に転職する場合でも、退職金などにかかる所得税は自分で申告しなければならないケースもあります。

また、住民税の納付についても、在職中は会社が行なってくれていましたが、再就職をしない場合にはこれも自分で行なわなければなりません。

こうした様々な手続きについて、本章以降で整理してみることにしましょう。

会社を辞めるとどう変わる？

	在籍中	退職後
健康保険	・組合健保、もしくは協会けんぽに加入 ・保険料は会社と折半で給与から天引きされる ・定期健診など様々な恩恵あり ・家族も加入できる	・在籍中の保険証を返却 ・転職しない限り、国民健康保険に加入。原則、自分で保険料を納付する
年金	・少なくとも2階建ての厚生年金に加入 ・65歳未満でも特別支給が出る可能性が… ・保険料の半額は会社が負担 ・主婦（夫）も加入できる	・失職期間が一時的であっても、その間は国民年金に加入 ・保険料は自分で納付する ・国民年金は1階建ての基礎年金のみ
税金	・所得税も住民税も給与から天引き ・年末調整も会社がしてくれる	・毎年2～3月、自分で確定申告をする必要あり ・住民税も自分で納付する

2 退職後、一定期間内に再就職をする場合には?

会社で入っていた健康保険は、退職した翌日に喪失することになります。健康保険証も退職時に会社に返還しなければなりません。つまり、たとえ再就職までのブランクが1日であっても「無保険」の状態になり、仮にその1日の間にケガで入院したということになれば、いったん医療費の全額を支払わなければならないケースが生じます(健康保険証を返還しないまま治療を受けたりすれば、不正受給となってしまいます)。建前上は、やはりたった1日であっても、「国民健康保険に加入する(あるいは家族の扶養に入る)」という手続きが必要になります。

もっとも、再就職をすれば新しい会社の健康保険に加入するわけですから、短期間のブランクのために国民健康保険の加入手続きをするのは「面倒」と思われる方もいるでしょう。

そこで、「**在職中に加入していた健康保険の任意継続をする**」という方法があります。これは、退職日までに2ヵ月以上会社の健康保険に入っていた人が、最大で2年間、その会社の健康保険に継続して加入できるという仕組みです。この任意継続を希望する人は、退職時にその会社の健康保険組合または協会けんぽの窓口に申請してください。申告期限は退職日の翌日から20日以内です。

この制度は「任意継続被保険者制度」といい、医療費の自己負担分は在職中の健康保険に加入していたときと同じです。ただし、支払う保険料は在職中の保険料より高くなります。これは、会社側が負担する分も被保険者が支払うことになるからです。そのあたりを考慮して申請をしましょう。

任意継続被保険者制度のしくみ

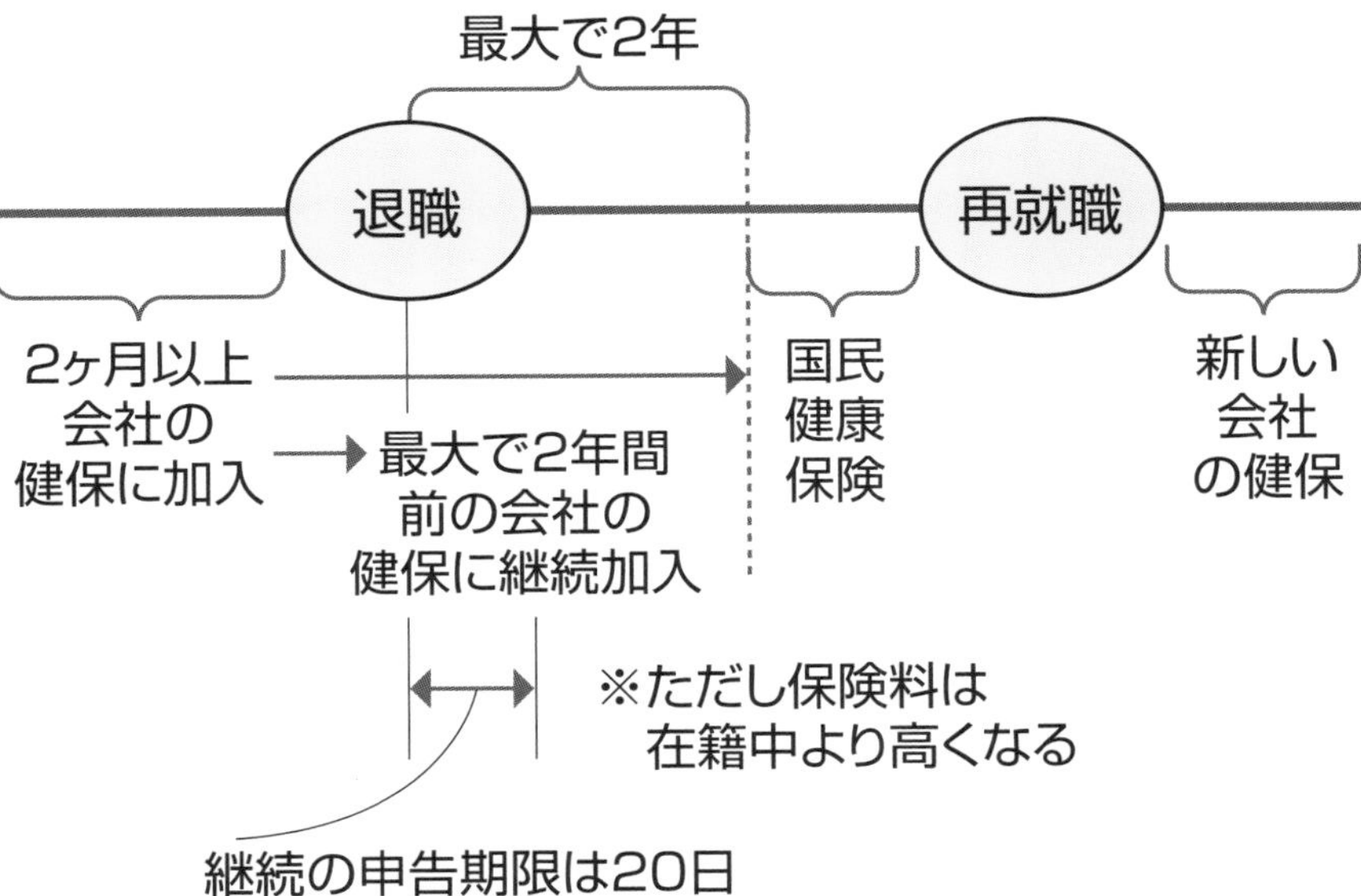

3 任意継続被保険者になった場合の保険料について

任意継続被保険者になった場合、在職中に加入していた健康保険よりも保険料が高くなると述べました。では、どれくらいかかるものなのか。もう少し詳しく見てみましょう。

保険料を算定する際の基準として、あなたが退職したときの標準報酬月額か、もしくは、あなたが加入していた健康保険の全被保険者の平均標準報酬月額のどちらか低いほう（協会けんぽで令和2年4月分以降は30万円、つまり退職時の標準報酬月額が30万円を超えていた場合には、「30万円」を保険料計算のベースとします）をもとに算定します。令和2年9月以降は、ベースとなる標準報酬月額に9・87〜11・66％（東京都の例）を掛けた金額が保険料となります（これに40歳以上の場合は介護保険料も加わります）。ところで、標準報酬月額とは何でしょうか。これは、あなたが在職中の4、5、6月の3ヵ月の給与の平均をもとに算出したものです。ただし、この3ヵ月間に給与支払いの日数が17日以下という月がある場合は、その月を除いて計算します。

なお、前項でも述べたとおり、本来健康保険料は社員と会社が折半するものですが、任意継続被保険者の場合は、全額社員側が負担します。つまり、それだけ保険料が高くなるわけです。

ちなみに、保険料納付の方法にはいくつかありますが、毎月ごとに支払うという方法も選択できます。この場合、前納割引はききませんが、保険料負担が過重になるのを避けることができます。

支払う保険料をよく確認してから、負担の少ない方法を選択したいものです。

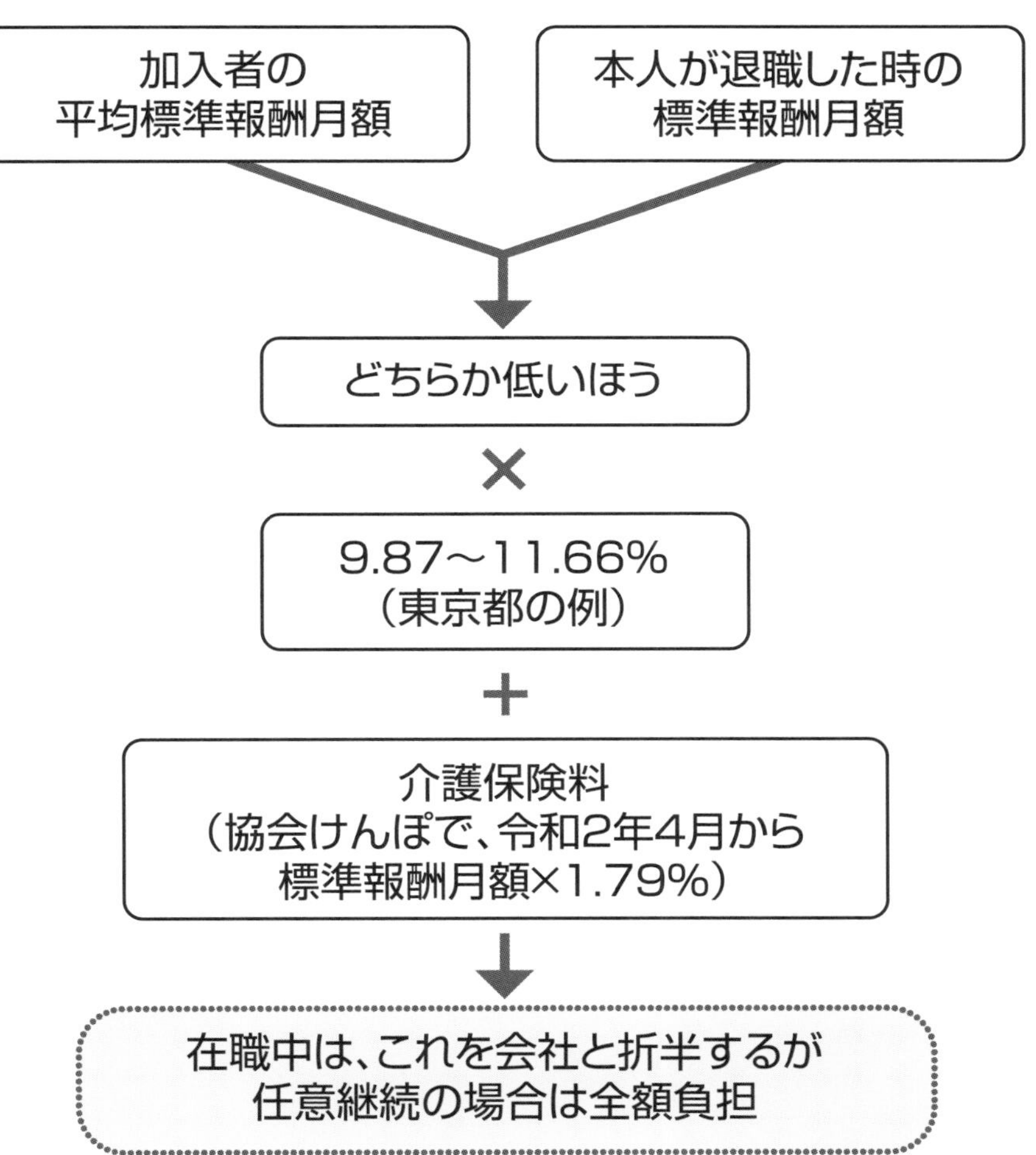

（参考）　協会けんぽの保険料額は都道府県ごとに異なります。
全国健康保険協会のホームページで確認できます。

4 次の再就職まで時間があるなら、まず国民健康保険に加入しよう

退職から転職までに間がある場合、前の会社の保険を任意継続しない限り、無保険の状態になってしまいます。任意継続を選択しないのであれば、やはり国民健康保険に加入するのが基本です。

国民健康保険は、会社の健康保険組合や全国健康保険協会の代わりに、自分が住む市町村（※）が保険者となって運営する健康保険です。健保組合や協会けんぽに加入していない自営業者なども国民健康保険の被保険者となるので、退職後にフリーランス活動などをする人も加入対象です。

住まいを移転して、管轄する市町村が変わったときも、その都度脱退・加入することになります。

国民健康保険に加入する場合は、自分から手続きをすることが必要です。この手続きは、退職した日（あるいは任意継続保険からぬけた日）の翌日から14日以内に行ないましょう。14日を過ぎてしまうと、その間に病気やケガをした場合、医療費は全額自己負担となってしまいます。

また、届出が遅れて無保険者の期間が生じたとしても、その間の保険料もさかのぼって支払わなければなりません。「その間に病気・ケガをしなければいい」というものではないわけです。

手続きの方法は、市町村役場の窓口に行って「国民健康保険被保険者資格届」を提出します。その際、在職時の健康保険をぬけたことを証明する書類が求められます。あらかじめ、市町村役場に問い合わせて必要な書類を確認し、勤めていた会社から「健康保険資格喪失届」のコピーや健康保険脱退証明書（退職証明書）などを取り寄せておくようにしましょう。

国民健康保険に加入するまで

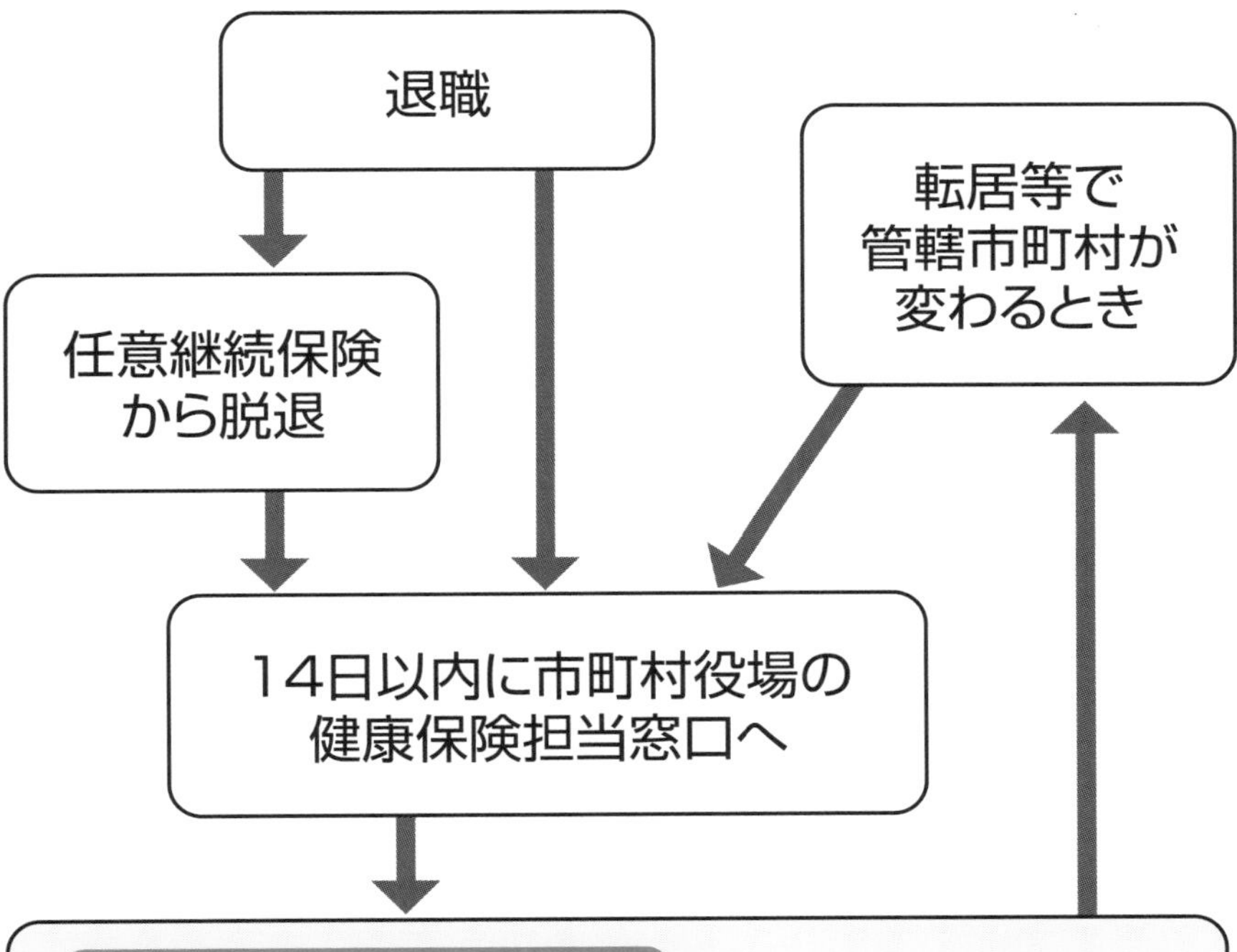

以下の書類を提出

- 国民健康保険被保険者資格届
（役場の窓口でもらいます）
- 勤めていた会社の健康保険を脱退した証明書
（前の会社に申し出て取り寄せる）

※平成30年から国民健康保険の運営主体は市町村から都道府県に変わりましたが、手続き等は従前と変わらず、役場の窓口で行なわれています。

5 国民健康保険の保険料はいくらになるのか？

国民健康保険の保険料は、あなたの前年の所得をベースに計算されます。つまり、加入初年度は、あなたが会社勤めをしていたときの所得によって計算されるわけです。「退職直後は無収入だから保険料も安くなる」ことはないので、注意したいポイントです。

不動産などを所有している場合は、所有財産として保険料計算に加わる点にも注意しましょう。

計算方法については、市町村によって4つのパターンに分けられます。それぞれ、①所得割（前年1年間の所得をもとに算出）、②平等割（1世帯あたりの定額制）、③均等割（一定額を家族加入者数にかけて計算）、④資産割（世帯の資産をもとに計算）となっています。

これら4つのパターンを組み合わせて計算することもあるので、計算方法は市町村によって千差万別といえます。あなたが住んでいる市町村の詳しい保険料計算については、役場の健康保険担当に直接問い合わせてください。国民健康保険に加入すると、保険料の納付書が送られてきますが、そこにも保険料の計算方法が記されています。

保険料の払い込みについては、送付された納付書をもって、役場の窓口やコンビニで払い込んでください。納付書には納付期限が記されているので、それまでに支払いましょう。収入が厳しいなど納付期限を守れないような事情がある場合は、あらかじめ役場の担当窓口に相談してください。また、希望すれば、銀行口座からの引き落としにすることもできます。

国民健康保険の保険料はどうやって決まる？

計算方法4つの基本

① 所得割

・住民税方式（住民税×保険料率）
・所得比例方式〔（総所得－基礎控除額）×保険料率〕

② 平等割

一世帯あたりの定額を算出

③ 均等割

加入者1人あたりの保険料をベースに算出
（1人あたりの保険料×加入している家族数）

④ 資産割

世帯の資産をもとに算定
（固定資産税額×保険料率）

各市町村で法令によって計算方法の組み合わせを決めている
※自分の市町村の計算方法は役所のHP等で確認
※最高限度額も決められている

6 退職後の収入によっては、親族の「被扶養者」になる手もある

退職後の収入が著しく少なくなるなど、自分で国民健康保険の保険料などを支払うのが厳しい場合、自分の親など親族の被扶養者となる方法があります。被扶養者となった場合は、扶養者である親族の加入している健康保険に「被扶養者」として加入することになります。

ただし、被扶養者となるには、以下の条件をクリアしなければなりません。

①扶養者である健康保険の被保険者によって、生計が維持されていること。

②扶養者との間柄が3親等以内であること。ただし、直系尊属や配偶者、子、孫、兄弟以外の場合は、同居していることも条件となる。

③扶養者と同一世帯にいるときは、被扶養者の年間収入が130万円未満（60歳以上や障害年金受給者の場合は180万円未満）で、扶養者の年間収入の半分以下であること。ただし、この年間収入の中には、雇用保険の失業等給付も含まれるので注意を。

④扶養者と同一世帯にいないときは、③の条件に加えて、年間収入が被扶養者からの仕送り額よりも少ないこと。

なお、手続きについては、扶養者である被保険者の所属する健康保険組合等を通じて手続きを行ないます。求められる必要書類は、健康保険の運営主体によって異なりますが、被扶養者となる人の課税証明書や離職票、住民票などが必要になるケースが目立ちます。

家族の被扶養者となるには？

要件を満たしたら、Aの事業主を通して退職後5日以内に手続き

要件1 扶養者となる家族によって生計が維持
（被保険者…以下Aとする）

要件2 Aの3親等以内であること

・直系の場合…世代差がそのまま親等数に
（例.私と親➡1親等）
・傍系の場合…共通する夫婦までさかのぼって計算
（例.私と兄弟➡親夫婦が共通（1親等）+そこから世代差（1親等）
⟶ 1+1=2親等）

要件3 要件2のうち、以下の者は同居が条件

① （・配偶者
・子、孫、弟妹
・父母等の直系） ⟶ これ以外の3親等内親族
② Aと内縁関係にある配偶者の父母と子

要件4 被扶養者は以下の年収条件クリア

① Aと同一世帯➡年収130万円未満
② Aと別居➡年収130万円未満+仕送り額が年収より少ない
（ただし、60歳以上、障害年金受給者は180万円未満）

7 特例退職者医療制度に加入できるケースもある

在職中に加入していた健康保険組合が、厚生労働省の認可を受けた「特定健康保険組合」である場合、退職後に特例退職者医療制度に加入できる可能性があります。

この制度は、在職中の健保組合が運営するという点で「任意継続」に似ていますが、任意継続よりも保険料が安くなるケースが多いようです。また、後期高齢者医療制度が適用されるまで加入することができるので、任意継続のように2年間という期限に縛られる必要はありません（なお、後期高齢者医療制度については、現在、抜本的な見直しが進められています）。

ただし、適用対象となる特定健康保険組合は限られるうえ（在職中の健保組合が特定であるかどうかは、会社側に確認してください）、その健保組合にかなりの長期間加入していることが条件となります。その期間は、20年以上、あるいは40歳以上になって10年以上加入していることが必要です。さらに、老齢厚生年金の受給権があることも必要です。

手続きは、年金証書が届いた日の翌日から3ヵ月以内に、在職中に加入していた健康保険組合に申し出て行なってください。ちなみに、保険料は、加入要件を満たす退職者の標準報酬月額に保険料率を乗じた金額となります。従って、毎年保険料が変更になる可能性もあるので注意しましょう。

この特例退職者医療制度に加入すると、国民健康保険にはない一部還元金や家族療養付加金などが支給されることもあります。

特例退職者医療制度

加入条件

① 老齢厚生年金を受けとっている人
② 厚労省が認可した「特定健康保険組合」に…
（・20年以上加入していた人
・40歳以降に10年以上加入）→どちらか
③ 75歳になっていない人
（制度適用は75歳まで）

↓

年金証書が手元に来た翌日から3ヶ月以内に手続き

↓

手続きに必要なもの

・特例退職被保険者資格取得申請書
（健康保険組合で入手）
・年金手帳
・世帯全員の住民票の写し
・印鑑　など
※組合によって異なるケースもあり

8 病気やケガで長期の療養が必要となった場合

在職中に病気やケガで長期の療養が必要になったとき、その間の給与が支給されないこともあります。それゆえ、「退職」という選択肢に追い込まれるケースがあるわけですが、会社から給与が出ない代わりに健康保険から**傷病手当金**が支給されることを知っておけば、そのまま勤め続けながら生計を立てることも可能です。この傷病手当金とは、どうすればもらえるのでしょうか。

まず、以下の要件を満たすことが必要です。**①病気やケガのために療養していること、②その療養のための仕事ができない状態であること、③3日間連続で仕事を休んでいること（有給休暇や公休日も含みます）、④休職中に給与が出ないこと（給与が出ていても、その金額が傷病手当金よりも少ない場合は、その差額が支払われます）**となっています。

傷病手当金は、最初の3日間は待機期間となっていて、その翌日、つまり4日目から支給されます。支給期間は同一の病気やケガで初めて支給を受けた日から1年6ヵ月です。

ちなみに、支給期間中に出産手当金を受けられるときは、出産手当金が優先されます。つまり、両方を同時に受給することはできないわけです。また、労災保険からの休業補償給付が出る場合にも、その金額との差額分だけしか傷病手当金を受け取ることはできません。

支給額については、標準報酬月額を30で割って日額を算出し、その3分の2相当となります。

なお、在職中に受給が開始された場合には、そのまま退職した後も受給を続けることは可能です。

健康保険の傷病手当金

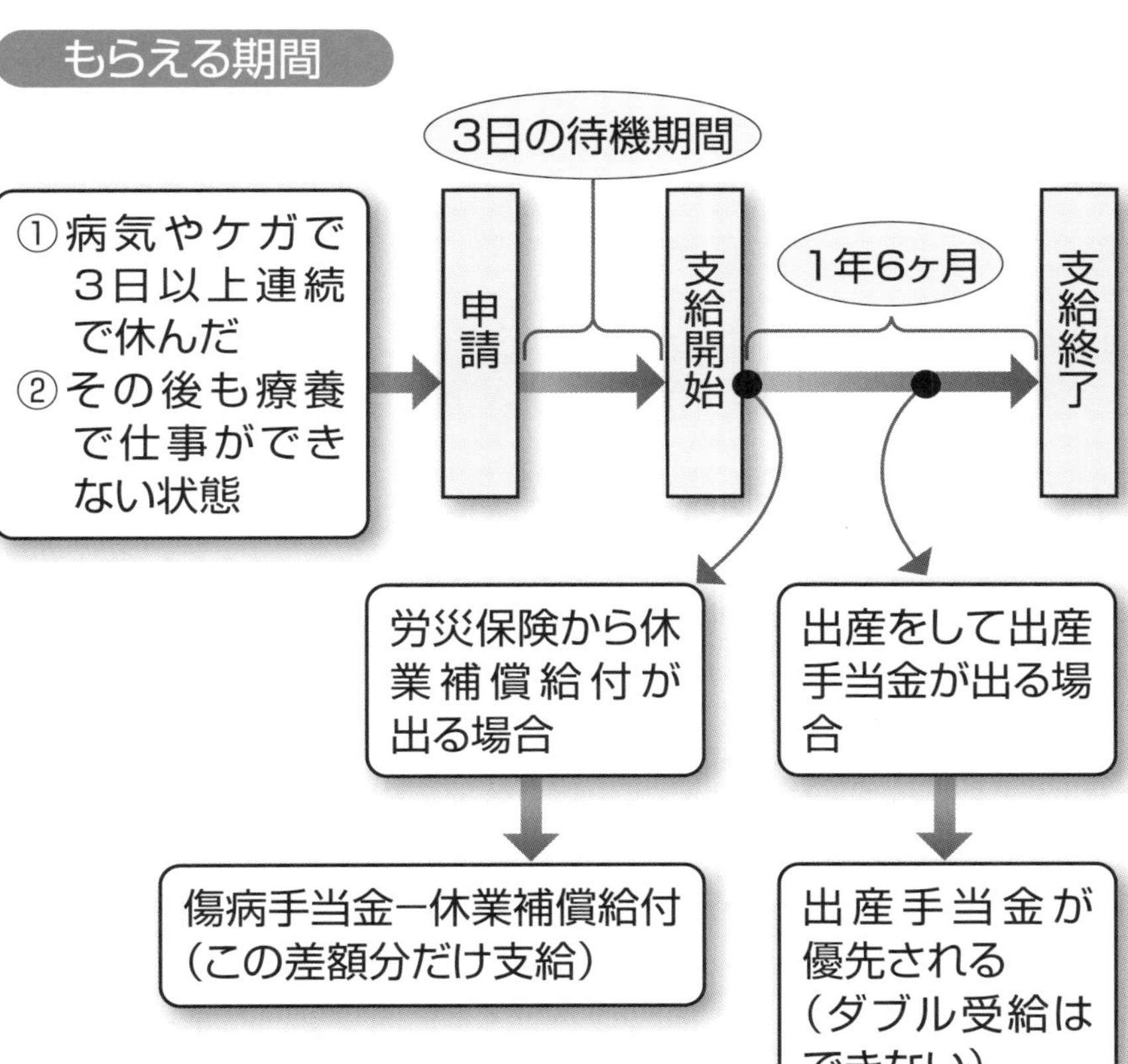

いくらもらえる?

（標準報酬月額÷30日）×2/3

9 健康保険には資格喪失後の給付もある

退職前に受けていた傷病手当金などは、退職後も引き続き給付を受けられることがあります。また退職後に出産した、あるいは不幸にして死亡したような場合、在職時の健康保険から一定の条件を満たした場合に給付が受けられます。該当するのは「**資格喪失（退職）する日の前日までに継続して一定期間被保険者であった**」人です。

（1）保険給付を受けている人が資格を喪失した場合（継続給付）

資格を喪失する日の前日までに、継続して1年以上被保険者であった人は、資格を喪失した際に、現に受けていた傷病手当金および出産手当金を引き続き受けることができます。

①傷病手当金（最大1年6か月）……被保険者期間が引き続き1年以上ある方が、資格喪失時に支給を受けているか、受けられる要件を満たしている場合には、資格喪失後も続けて傷病手当金を受けることができます。

【支給要件】

・退職前に被保険者期間（任意継続期間は除く）が1年以上あること
・退職日に支給を受けているか、受けられる状態にあること
・同じ傷病のため引き続き療養が必要で労務不能の状態であること

②出産手当金（出産前後合わせて原則98日間）……被保険者期間が引き続き1年以上ある方が、資

格喪失時に支給を受けているか、受けられる要件を満たしている場合には、資格喪失後も続けて出産手当金を受けることができます。

【支給要件】

・退職前に被保険者期間（任意継続期間は除く）が1年以上あること
・分娩予定日または分娩日の42日前（多胎の場合は98日前）以降に退職していること

退職日に支給を受けているか、受けられる状態にある方は、出産前後合わせて原則98日間の範囲内で支給を受けることができることになっていますが、この期間から被保険者である間にすでに支給を受けた残りの期間について受けることができます。

（2）資格を喪失した後に保険給付を受ける事由が生じた場合

①死亡に関する給付……次の場合は、埋葬料か埋葬費（協会けんぽで5万円）が支給されます。次の条件を満たしているときに埋葬料（費）が支給されます。

・資格喪失後3か月以内に死亡したとき
・資格喪失後の継続給付（傷病手当金・出産手当金）の支給を受けている間に死亡したとき
・資格喪失後の継続給付（傷病手当金・出産手当金）の給付を受けなくなってから3か月以内に死亡したとき

②出産に関する給付……被保険者期間（任意継続期間は除く）が引き続き1年以上ある方が、資格喪失後6か月以内に出産したとき、出産育児一時金（協会けんぽで一児につき42万円）が支給されます。（※被扶養者には適用されません。給付を受ける権利は2年で時効となります）

健康保険のチェックポイント！

□退職後は国民健康保険に加入する（または家族の扶養に入る）か在職中の健康保 険を任意継続する

□国民健康保険の手続きに必要な書類は「国民健康保険被保険者資格取得届」と「健康保険資格喪失届」

□国民健康保険の保険料は住んでいる市町村によって異なる（離職理由による軽減制度あり）

□被扶養者になるための手続きには「課税証明書」「離職票」「住民票」などが必要になるケースが多い

□条件を満たせば、保険料の安い特例退職者医療制度に加入できる

□病気やケガでの長期療養の際は、健康保険から傷病手当金が支給される

□健康保険には、資格喪失後にももらえる給付がある

年金の基礎知識と手続き

1 退職時の年金の手続きはどうなるか？

健康保険の次に頭に入れておきたい手続きが「年金」に関することです。年金というと、とにかくわかりづらい制度というイメージがありますが、老後の将来設計を左右するものです。

まずは、退職後に何が変わるのかを簡単に整理してみましょう。

日本に住む20歳以上60歳未満の人のすべては、国が運営する国民年金に入っています。この国民年金の被保険者は3つに分類されます。自営業者や学生、無職の人などは第一号被保険者、会社員や公務員などは第二号被保険者、第二号被保険者の配偶者などは第三号被保険者となります。

第一号から第三号の被保険者まで、すべての人は老齢基礎年金にあたる国民年金の保険料を一定年数支払うことで、老後にその分の年金を手にすることができます。

会社を退職した場合、本人は第二号被保険者から第一号被保険者へ、配偶者は第三号被保険者から第一号被保険者となります。再就職後は、それぞれ第二号、第三号に戻ることになります。

第二号被保険者の場合、国民年金に上乗せする形で厚生年金に加入しています。また、会社によってはさらに上乗せ部分となる厚生年金基金に加入しているケースもあります。

つまり、会社員として働いている間は、二階建てもしくは三階建ての年金の仕組みが適用されているわけです（ちなみに第一号被保険者であっても、本人の希望によって、国民年金基金という二階建て部分に加入できることもあります）。

年金のしくみ

年金制度のしくみ

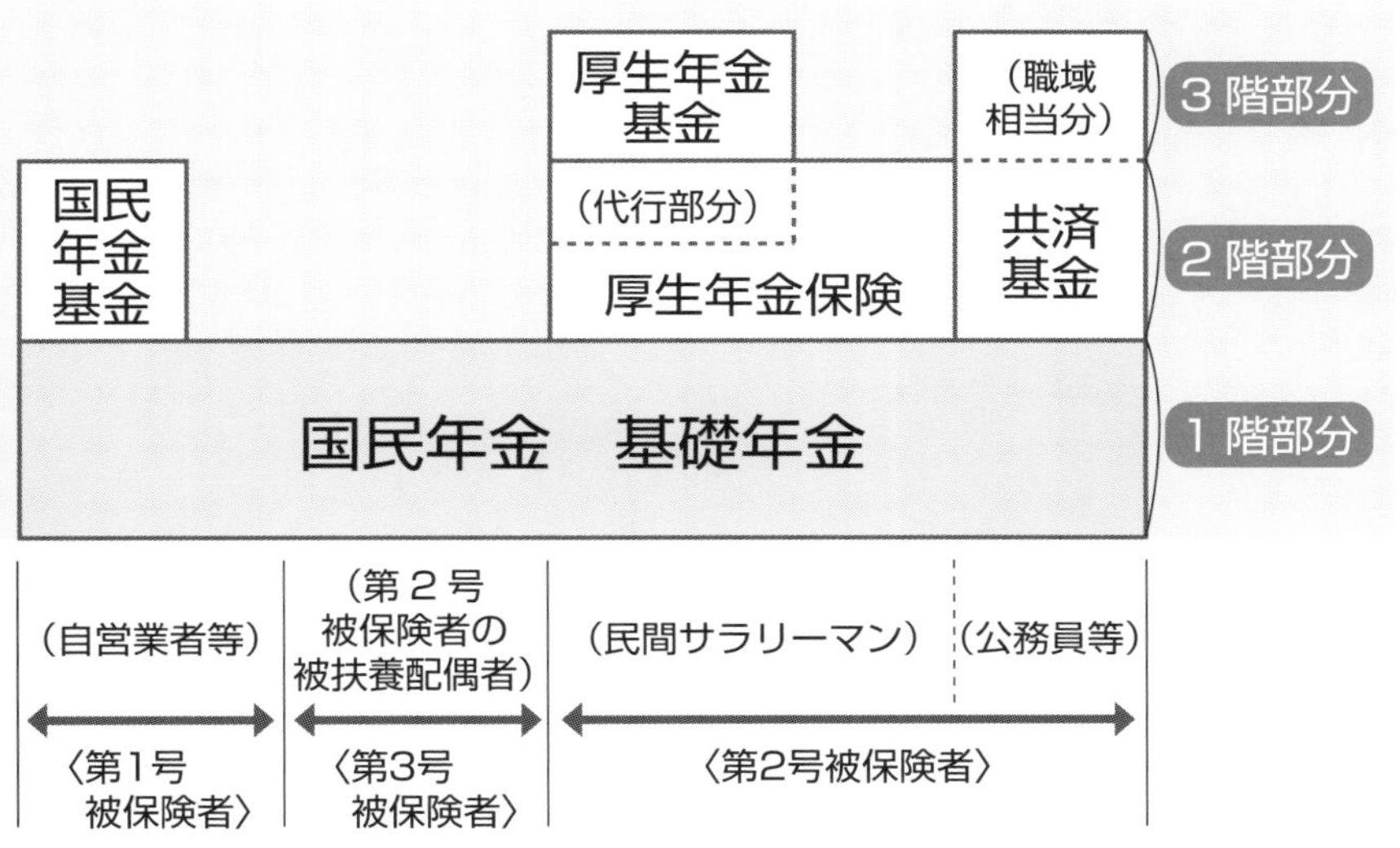

国民年金被保険者の種類

- 国民年金被保険者
  - 第１号被保険者（自営業者、学生、無職）
  - 第２号被保険者（サラリーマン、公務員）
  - 第３号被保険者（第２号被保険者の配偶者）

2 退職時の具体的な手続きの流れについて

退職後にすぐ転職し、第二号保険者を継続する場合。もしくは、転職まで間があるため、いったん第一号被保険者となる場合。いずれにしても、手続き時に必要なのが**年金手帳**です。

年金手帳については、あなた自身が保管している場合と、会社が預かって代わりに保管してくれている場合があります。自分の手元にあるはずが「見当たらない」という場合、退職前に会社の総務・人事担当者に問い合わせたうえで、紛失が明らかになったら**再交付**の手続きを依頼します。

すぐに転職先に勤め始める場合は、入社したらすぐに、年金手帳を新しい会社に提出してください。一方、転職まで間がある場合には、たとえ一時的であっても**国民年金の加入手続き**が必要です。国民年金の加入は、あなたの住所地にある市町村役場で行ないますが、申請に際しては年金手帳の提出が求められます（退職したことを証明するうえで、会社が発行する資格喪失証明書などが必要になることもあります）。つまり、**どの制度の被保険者になるにしても年金手帳が必要なのです。**

なお、国民年金の加入手続きは、退職日の翌日から14日以内に行なうことが必要です。第二号被保険者だったときに、配偶者を扶養に入れていた場合（第三号被保険者）、あなたが第一号被保険者になった段階でその配偶者も国民年金の加入手続き（第一号被保険者）が必要になります。

国民年金の保険料は、令和2年度で月々1万6540円です。失職期間が長引いて保険料を支払う余裕がない場合は、申請により保険料の全部または一部が免除される制度もあります（※）。

※ただし、前年の所得等が条件となります。

退職後の年金の手続き

配偶者＼本人	60歳未満	60歳以上
60歳未満	本人、配偶者とも 国民年金に加入 ○本人（第2号→第1号） ○配偶者（第3号→第1号）	配偶者のみ 国民年金に加入 ○配偶者（第3号→第1号）
60歳以上	本人のみ国民年金に加入 ○本人（第2号→第1号）	本人、配偶者とも 国民年金に加入しない

※市町村役場の国民年金の窓口で手続きをしてください
※保険料は一人あたり（令和2年4月以降）16,540円です

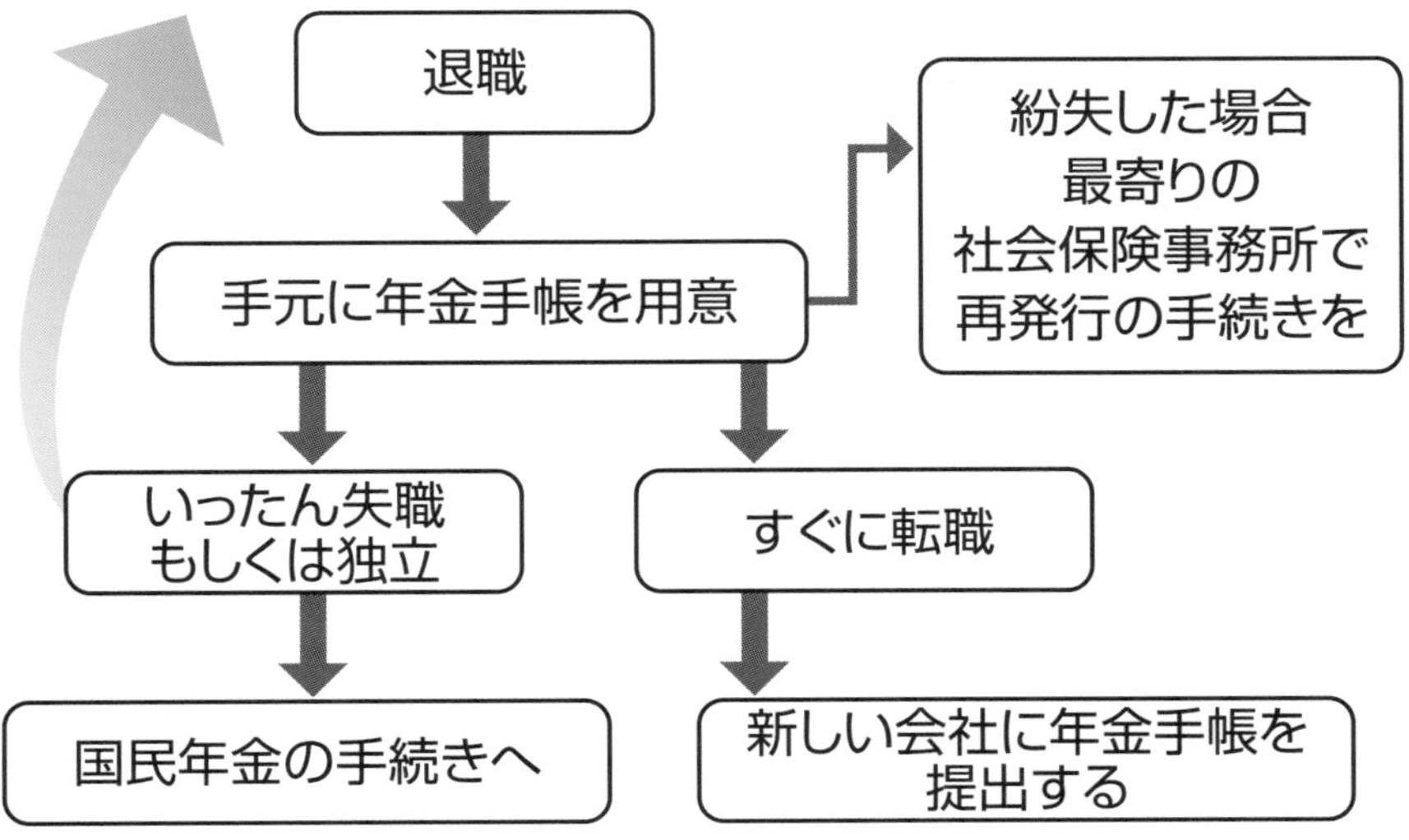

※国民年金保険料＝保険料額×保険料改定率（物価変動率や実質賃金変動率で決定）

3 在職していた会社によっては手続きがさらに増える場合も

在職していた会社で「厚生年金基金」、つまり三階部分の年金に入っていた場合、あなたの手元には年金手帳とともに「厚生年金基金加入員証」があるはずです（年金手帳と同様、会社が代わって保管している場合もあるので、手元にない場合には会社に問い合わせましょう）。

厚生年金基金は、会社が基金をつくって独自で運営しているものです。よって、退職とともに脱退し、転職とともに新しい会社の基金に加入することになります。

あなたが退職をすると、厚生年金基金から「脱退（退職）一時金の支給」に関する連絡と申請手続きに必要な書類が届きます。この脱退一時金というのは、3年以上基金に加入していれば「退職金」のような形で受け取ることができます。ただし、15年以上基金に加入していれば、60歳になったときに基本年金（厚生年金）に上乗せする形で受け取れるので、一時金として今受け取ってしまうか、将来受け取るかという選択をする必要があります。

問題なのは、加入期間が3年以上15年未満のケースです。この場合、一時金を受け取る選択もありますが、もし1年以内に転職先の基金に再加入することが可能であれば、一時金の分をそのまま次の基金に持ち込んで継続することも可能です。

なお、一時金の場合は税務上は退職金と同じ扱いになるので、課税されることになります。転職先が決まったら、どうすればよいかについて、新しい会社に相談してみるといいでしょう。

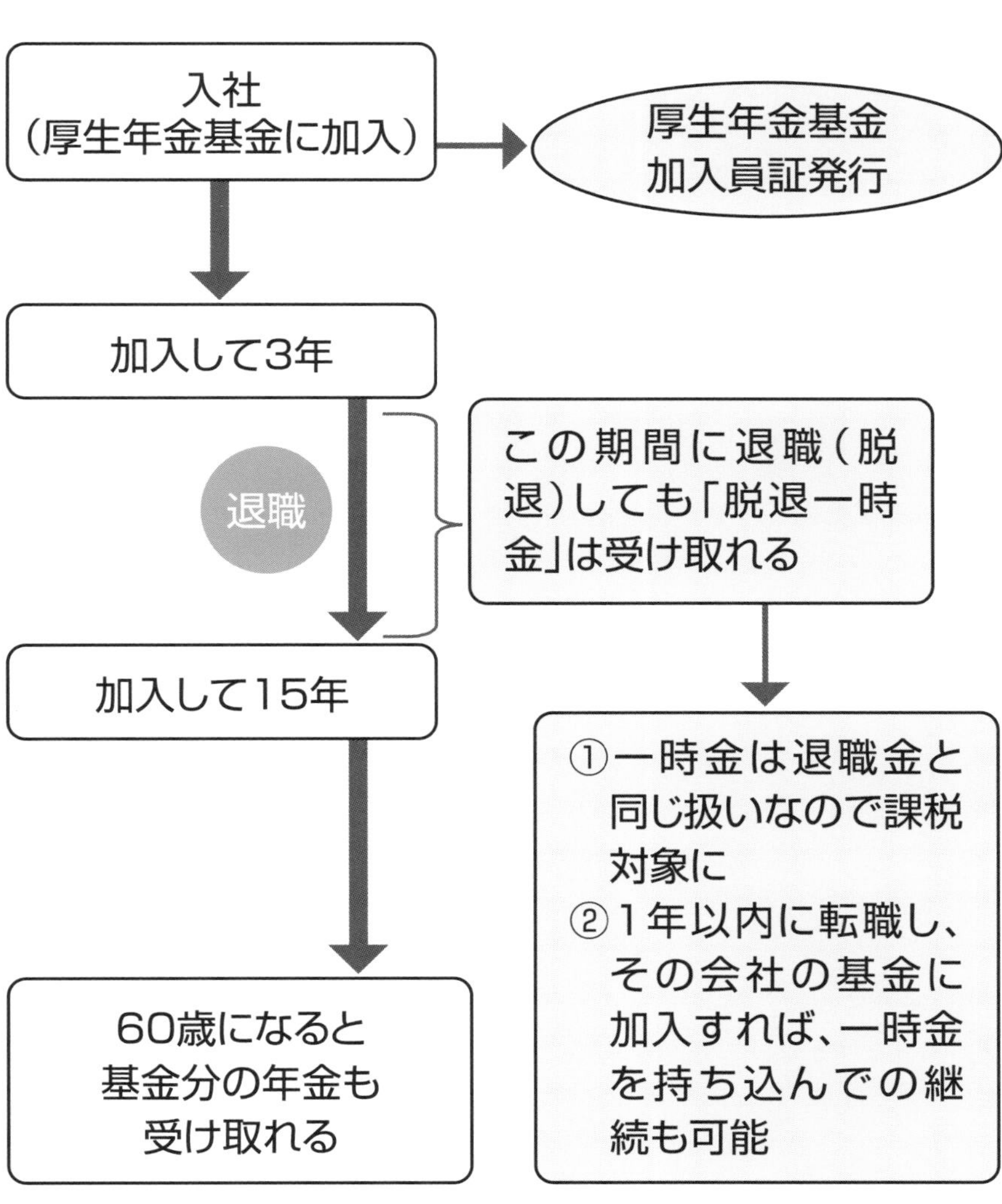
退職時に厚生年金基金をどうする？
入社
（厚生年金基金に加入）
厚生年金基金
加入員証発行
加入して3年
退職
この期間に退職（脱退）しても「脱退一時金」は受け取れる
加入して15年
①一時金は退職金と同じ扱いなので課税対象に
②1年以内に転職し、その会社の基金に加入すれば、一時金を持ち込んでの継続も可能
60歳になると基金分の年金も受け取れる

4 確定拠出型や確定給付型の企業年金を受けていた人は？

三階部分の年金として、前項までは厚生年金基金を取り上げてきました。この厚生年金基金は、三階部分にあたる企業年金の一つですが、他にも様々な企業年金があります。

ここでは、確定給付型と確定拠出型という2つの企業年金を取り上げます。前者は、老後に受け取る年金額が確定しているもの、後者は年金運用を加入者個人に任せ、その原資を拠出するというものです（後者は受け取る年金額が、個人の運用実績によって変動する可能性があります）。

ともに、厚生年金基金が、急速な株価低迷などによって運用実績の悪化にさらされるという問題をカバーするうえで生まれたものです。前者については、退職金の規定と同様に、会社側と社員の間で運用等のルールを決めて基金に対する監視力を強めた制度です。これに対し、後者は個人が運用リスクを負うことにより、基金の運用悪化を防ぐというものです。

さて、退職に際して問題となるのは、これらの企業年金の仕組みが会社によってバラバラであるということです。仮に転職した場合、前職の企業年金の仕組みと新しい会社における仕組みが異なった場合、どのように対処すればよいのでしょうか。

まず、確定給付型から確定拠出型への移行については、退職一時金をそのまま新しい会社の確定拠出型年金に移すことができます。確定拠出型から同様に確定拠出型へ移る場合は、運用資産がそのままそっくり持ち運べます（ポータビリティ制度）。

2つの企業年金～どこが違う？～

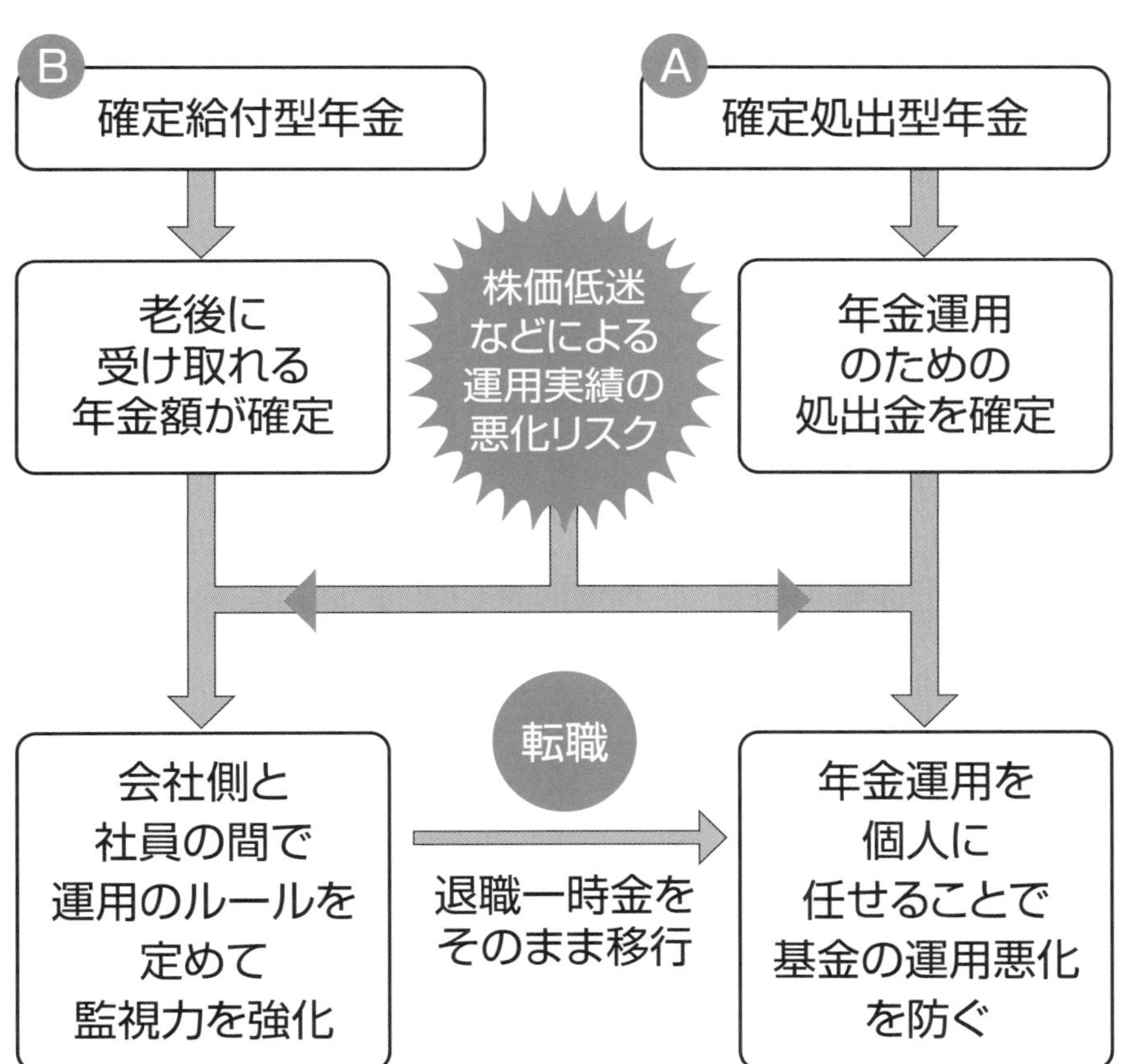

※平成29年1月から個人型確定拠出年金iDeCoは、20歳以上60歳未満のすべての国民が加入できるようになりました。会社で企業型確定拠出年金に加入している人は、規約でiDeCoに同時加入してよい旨を定めているか確認する必要があります。

（A→Aへの転職はそのまま運用資産を持ち運べる）
〈ポータビリティ制度〉

5 転職先に「確定拠出型企業年金」がない場合は？

問題となるのは、退職した会社で確定拠出型年金に入っていて、転職した先に確定拠出型の企業年金がない場合です。この場合には大きく2つの選択肢があります。

まず、それまでの企業による確定拠出型年金で運用してきた資産を、個人型の確定拠出年金ｉＤｅＣｏに移すという方法です。この場合、銀行や信用組合など個人型確定拠出年金の運営管理を行なっている機関に、まずは相談してみましょう。（※）

ここで注意したいのは、個人型確定拠出年金では、新たに拠出金を出すことはできない場合があるということです。60歳以上で、転職先の企業型確定拠出年金への加入が規約で定められていない方などがあてはまります。この場合は、転職前の年金資産を運用するだけであり、その後の拠出については転職先の会社の企業年金の運用に任せることになります。

もう一つの選択肢としては、転職前の企業年金を脱退一時金で受け取るということです。この場合、個人別管理資産が1万5０００円以下であるなら、加入期間にかかわらず受け取れます。管理資産が1万5０００円を超えてしまう場合には、加入期間が3年以下などの要件が加わります。

いずれにしても、それまでの年金資産をどうするかについては、退職によって前の会社の企業年金の加入資格を失った日の翌月から6ヵ月以内に手続きを行なうことが必要です。6ヵ月を超えてしまうと、資産は国民年金基金連合会に移管されて、その後の手続きが面倒になります。

※あなたが普段メインバンクとしている銀行があれば、個人型確定拠出年金の運営管理を引き受けてくれるかどうかを問い合わせてください。

転職先に「確定処出型年金」がない場合の選択肢

❶ 企業年金による運用資産を「個人型の確定処出年金（iDeCo）」に移す

・銀行や信用組合など個人型確定処出年金の運営管理を行なっている機関に相談
・新たに処出金を出すことはできないこともある。60歳以上はあくまでも運用指示を行なうのみ

転職後の分の年金はその会社の企業年金に加入

❷ 企業年金による運用資産を「脱退一時金」として受け取る

・個人別管理資産1万5000円超の場合、加入期間が3年以下または50万円以下であること

退職月の翌月から6ヶ月以内に手続きを
6ヶ月オーバー
資産が国民年金基金連合会に移管される

6 年金は何歳からもらうことができるのか？

老齢基礎年金、つまり「一階建て」の年金については、65歳が受給年齢となります。対象となるのは、自営業者などの第一号被保険者、あるいは会社員の配偶者などの第三号被保険者です。

これに対し、二階建て構造になっている**厚生年金については、年金の一部を60歳からもらうことが可能**です。この60歳からもらえる部分のことを「老齢年金の特別支給」といいます。

対象となるのは、厚生年金に1年以上加入したことのある人です。現在は第一号、第三号被保険者であっても、過去に厚生年金に1年以上加入していればOKというわけです。

ただし、60歳からもらうためには「1年以上の加入」以外にも条件があります。

一つは、老齢年金の受給資格期間を満たしていること（どうすれば受給資格が満たせるのかについては、次項で述べます）。もう一つは、昭和36年4月1日以前に生まれた男性、もしくは昭和41年4月1日以前に生まれた女性であることです。

ただし、生年月日が受給要件を満たす場合でも、金額が変わることもあります。これは、1階にあたる老齢基礎年金の部分（定額）と、2階にあたる老齢厚生年金の部分（報酬比例によって算出される金額）が、生年月日が後になるほど少しずつカットされる仕組みになっているからです。

もともと老齢厚生年金の支給は60歳からだったのですが、法改正によって65歳に支給年齢が引き上げとなりました。その激変緩和措置になっているととらえてください。

年金がもらえる年齢について

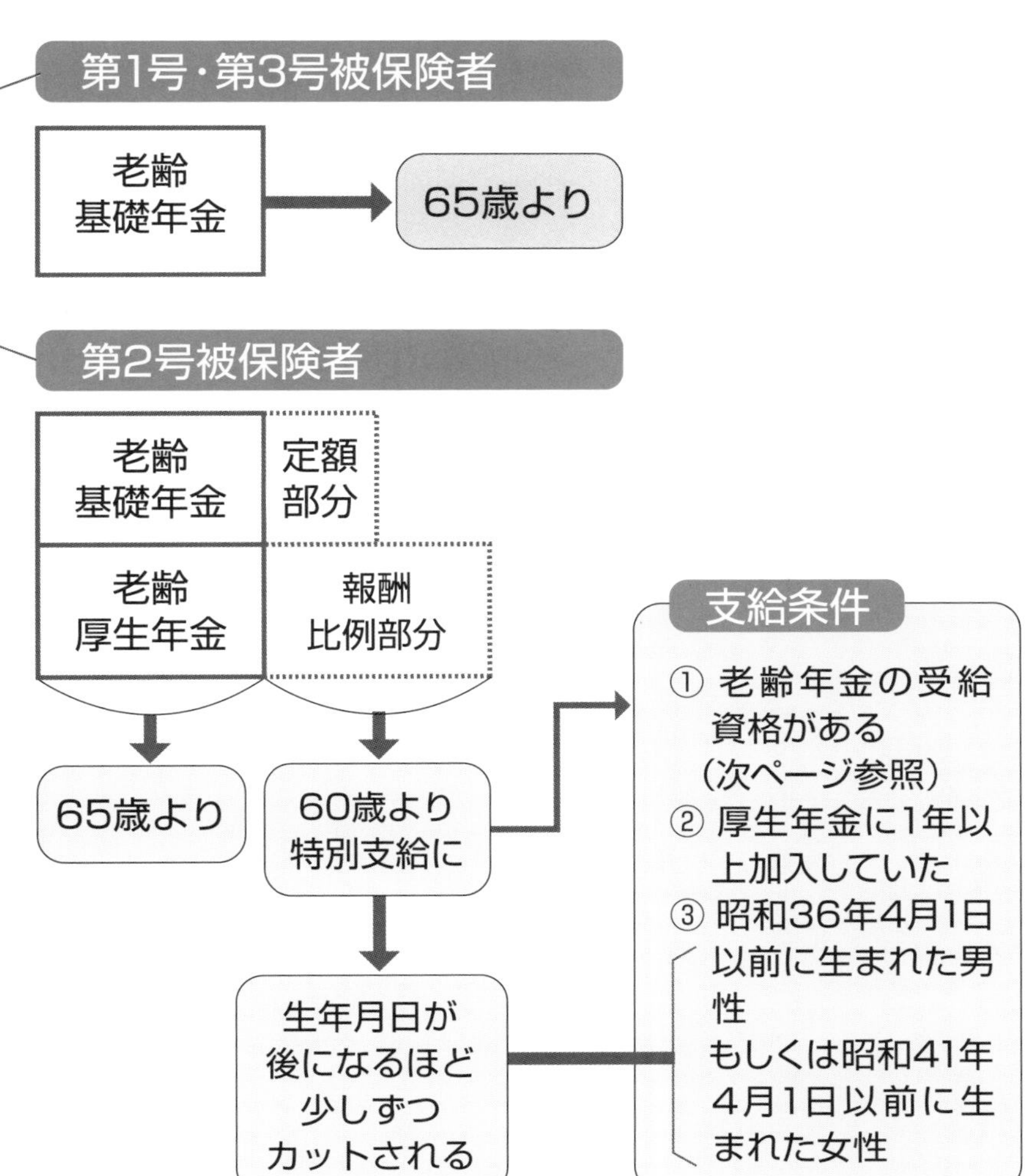
第1号・第3号被保険者
老齢
基礎年金
65歳より
第2号被保険者
老齢
基礎年金
定額
部分
老齢
厚生年金
報酬
比例部分
65歳より
60歳より
特別支給に
生年月日が
後になるほど
少しずつ
カットされる
支給条件
① 老齢年金の受給資格がある（次ページ参照）
② 厚生年金に1年以上加入していた
③ 昭和36年4月1日以前に生まれた男性
もしくは昭和41年4月1日以前に生まれた女性

7 老齢基礎年金の受給資格を満たすには？

65歳になって老齢年金を手にするためには、一定の加入期間が必要です。これを受給資格期間といい、この期間が不足すると65歳になっても年金がもらえなくなります。また、厚生年金に加入している人が、60歳からの特別支給を受ける場合にも、受給資格期間が要件となります。

受給資格期間は、平成29年8月より原則10年となりました。加入期間と述べましたが、要するに年金保険料を払い続けた期間（保険料納付済期間）のことをいいます。

その期間に加入しているのが、国民年金であっても、厚生年金であっても、あるいは公務員等が加入する共済組合の期間であっても、その合算が10年あればＯＫです。保険料納付済期間が途切れ途切れになっていてもかまいません。

ただし、未払いの期間分をさかのぼって納付する場合、原則2年が限度となります。

注目したいのは、この合算期間の中に、保険料の免除を受けた期間のほか、国が指定している「保険料を支払っていないけれども合算してもよい」とする期間（合算対象期間：カラ期間とも呼ばれます）を含めた場合でも、受給期間を満たすことができます。

高齢期になって退職を迎える人の場合、年金受給までにどれくらいの期間が必要なのかを知りたい人は多いでしょう。もし、自分の受給資格期間がわからない場合は、加入していた年金を管轄する年金事務所に年金手帳と印鑑を持参すれば確認できます。

老齢年金の受給資格

受給資格期間とは

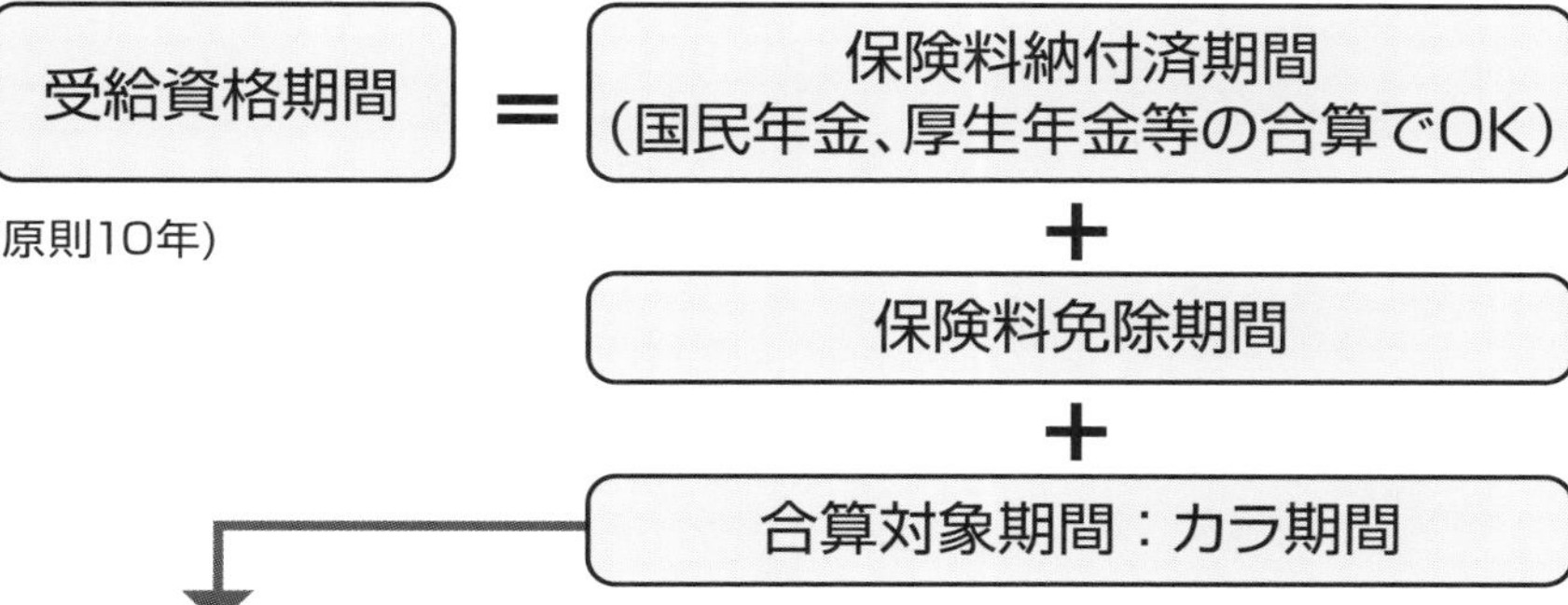

※合算対象期間
①サラリーマンの配偶者で、昭和36年4月から昭和61年3月までに、任意加入しなかった期間
②昭和36年4月以降で、厚生年金の脱退手当金を受けた期間
③昭和36年4月以降の、20歳以降で海外に住んでいた期間
④平成3年3月末までの、20歳以降で学生であった期間　　など

受給資格期間が不明な場合

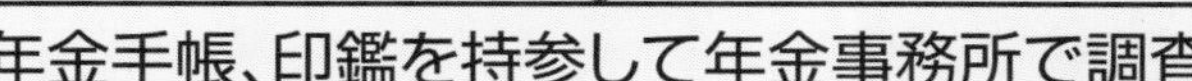

年金手帳、印鑑を持参して年金事務所で調査

・受給資格期間が10年に満たない場合は、以下の条件を満たせば、国民年金に任意加入することもできます。①60歳以上65歳未満の人②昭和30年4月1日以前に生まれた65歳以上70歳未満の人（特例高齢任意加入）
・厚生年金の加入者は70歳で資格を喪失しますが、老齢基礎年金の受給資格を満たすまで任意加入できます

8 働き続けている間でも年金をもらうことはできるか？

60歳を過ぎてから退職し、再び働こうとする場合、気になるのはその間の老齢年金や厚生年金の特別支給が受けられるかどうかという点です。65歳以上の場合は、老齢基礎年金（一階部分）については、働くことによる収入の有無にかかわらず全額が支給されます。問題は二階部分にあたる老齢厚生年金ですが、これについては以下のようになります。

①基本月額（老齢厚生年金の支給額の12分の1）と総報酬月額相当額（標準月額とその月以前の1年間のボーナスの総額の12分の1）を合計して、47万円以下であれば全額支給

②①の合計が47万円を超える場合は、超過した部分の2分の1の年金が支給停止

つまり、収入が多ければ、47万円をはみ出した部分の年金が減額されるというわけです。

複雑になるのは、60歳以上65歳未満で、老齢厚生年金の特別支給を受ける場合です。

基本としては、月あたりの特別支給額（特別支給の老齢厚生年金の額の12分の1で計算）と総報酬を月額で計算した金額（総報酬月額相当額）の合計が28万円以下である場合は、月あたりの特別支援額が全額支給されます。もし、28万円を超えてしまう場合は、総報酬月額が47万円以下であるか、それを超えてしまうかによって支給額が変わってきます。

総報酬月額相当額47万円を境にした計算法は、次ページの通りです。退職後のライフプランを考えるうえでも、いくらもらえるかをきちんと把握しておきましょう。

在職老齢年金の支給条件と支給額

60歳以上65歳未満の人の場合

<table>
<tr><th colspan="3">条　件</th><th>支給額</th></tr>
<tr><td colspan="3">総報酬月額相当額と基本月額の合計が28万円以下の場合</td><td>基本月額全額支給</td></tr>
<tr><td rowspan="4">総報酬月額相当額と基本月額の合計が28万円を超える場合</td><td rowspan="2">総報酬月額相当額が47万円以下</td><td>基本月額が28万円以下</td><td>基本月額−(総報酬月額相当額+基本月額−28万円)×1/2</td></tr>
<tr><td>基本月額が28万円を超える</td><td>基本月額−(総報酬月額相当額×1/2)</td></tr>
<tr><td rowspan="2">総報酬月額相当額が47万円を超える</td><td>基本月額が28万円以下</td><td>基本月額−(47万円+基本月額−28万円)×1/2−(総報酬月額相当額−47万円)</td></tr>
<tr><td>基本月額が28万円を超える</td><td>基本月額−(47万円×1/2)−(総報酬月額相当額−47万円)</td></tr>
</table>

（注） 1.総報酬月額相当額とは、現在の標準報酬月額に過去1年間の標準賞与額を12で除して得た額を加えた額をいう。
2.基本月額とは、老齢厚生年金全額を12で除して得た額をいう。

65歳以上の人の場合

条　件	支給額
総報酬月額相当額と老齢厚生年金(報酬比例部分)の月額の合計が47万円以下の場合	全額支給
総報酬月額相当額と老齢厚生年金(報酬比例部分)の月額の合計が47万円を超える場合	超過部分の2分の1の額の老齢厚生年金が支給停止

	←47万円→		←超過分→	
老齢基礎年金全額支給	総報酬月額相当額	老齢厚生年金	1/2	支給停止

9 老齢年金以外でもらえる年金とは？

年金には、老齢年金以外（つまり65歳以上、あるいは特別支給を受ける60歳以上でないケース）でも受給できるケースがあります。大きく分けて、**障害年金**と**遺族年金**があります。前者は、病気やケガで障害を負った際に支給されるものです。国民年金に入っている場合と会社勤めで厚生年金に入っている場合での仕組みの違いは、老齢年金と同じです。ただし、障害の原因になった病気やケガの初診日（※）に国民年金に加入、もしくは60歳以上65歳未満で日本に在住していれば「障害基礎年金」、その日に厚生年金に加入していれば「障害厚生年金」が支給対象となります。

障害年金の受給要件としては、①初診日より1年半経過後、もしくは「病気やケガが治った日」（障害認定日）において、障害等級表の1～3級の状態になったとき。②初診日の属する前々月までの被保険者期間で3分の1以上の保険料納付の滞納がないこと（ただし、２０２６年3月末までは初診日の属する日の前々日までの1年間に保険料の滞納がなければＯＫです）となっています。

なお、障害厚生年金に限り、障害等級が３級よりやや軽い程度のときは、障害手当金が支給されることもあります。在職中の会社に詳細は問い合わせてください。

もう一つの遺族厚生年金は、厚生年金の加入者や老齢厚生年金をもらっている人、あるいはもらえる期間を満たした人が死亡したとき、その妻や子、55歳以上の夫、父母、孫などの遺族に支払われるものです。これも受給要件があり、詳細については次ページを参照してください。

※初めて医師または歯科医師の診断を受けた日。

老齢年金以外の年金

1. 障害年金

障害年金
- 障害基礎年金…障害の原因となった病気やケガの初診日に国民年金に加入
- 障害厚生年金…障害の原因となった病気やケガの初診日に厚生年金に加入

・障害厚生年金の受給要件

①初診日より1年半経過後または、ケガが治った日（障害認定日）に障害等級表の1〜3級の状態になったとき。

②厚生年金加入期間中の年金納付済み期間と免除期間の合計が3分の2以上のとき。ただし特例として、2026年3月31日までの傷病による障害については、その傷病の初診日直前の1年間に保険料の滞納がないこととなっています。

・障害厚生年金に限り、障害等級が3級よりやや軽い程度のときは、障害手当金が支給されることがあります。

2. 遺族年金

遺族年金
- 遺族基礎年金…国民年金の加入者や老齢基礎年金の受給者が志望したときに、妻または子に支払われます。
- 遺族厚生年金…厚生年金の加入者や障害厚生年金の受給者等が志望したときに、妻や子等に支払われます。

・遺族基礎年金の受給要件

①年金の加入期中で、年金納付済み期間と免除期間の合計が3分の2以上であること。

②特例として2026年4月1日以前に死亡したときは、直近の1年間に年金の滞納がないこと

・遺族厚生年金の遺族の範囲と支給順位

遺族の範囲は、死亡した被保険者によって生計が維持されていた人で以下のとおりです。

①妻

②子（18歳未満、または20歳未満の障害等級1、2級）

③夫、父母（55歳以上）

④孫（18歳未満、または20歳未満の障害等級1、2級）

⑤祖父母（55歳以上）

10 退職の際に、自分の年金についてやるべきこと

ここまで述べた年金の仕組みを頭に入れながら、退職に際して何が必要かを考えてみましょう。最初に必要なのは、自分の年金加入期間を正確に知ることです。自分の職歴や年齢がどうであれ、今後の将来設計を立てていくうえでは、厚生年金の二階建て部分にしろ、基礎年金にしろ、あらゆる年金受給の資格につながる「加入期間」を知らなければ話にならないからです。

これまで自分の年金加入期間を知るには、年金事務所に直接問い合わせることが必要でした。しかしながら、年金記録のずさんな管理が問題となったのをきっかけに、一人ひとりの年金加入記録を確認するための「ねんきん定期便」が年金事務所から配達されています。

平成21年度からあなたの誕生日月（1日が誕生日の人はその前月）に送られているはずですので確認してください。50歳未満の人であれば、それまでの加入実績にもとづいた年金額、加入期間、納付額が、50歳以上の人であれば、それに加え、年金受給を70才まで遅らせた場合の年金見込額も記されています。年金計算に必要な情報が細かく記されています。間もなく年金受給が始まるという時点で退職した人であれば、これをその後の将来設計の参考にしたいものです。

なお、35才、45才、59才の人には封書で、過去の詳細な年金記録とともに「年金加入記録回答票」が送られ、自分で「もれ」や「誤り」をチェックすることができるようになっています。

「ねんきん定期便」について

送付対象者	国民年金、厚生年金の被保険者
送付周期	毎年誕生月

定期便の内容

【50才未満の人】
①１年間の加入実績に応じた年金額の変化
②最近の月別状況
③これまでの保険料納付額（累計額）
④これまでの年金加入期間
⑤これまでの加入実績に応じた年金額

【50才以上の人】
①老齢年金の見込額と年金受給を70才まで遅らせた場合の年金額
②最近の月別状況
③これまでの保険料納付額（累計額）
④これまでの年金加入期間
⑤老齢年金の種類と見込み額

【封書で送られる人】
35才、45才、59才の人
※年金加入記録回答票

11 年金をもらうためにはどうすればいいのか？

年金についてもう一つ重要なことは、受給できる年齢になってもただ待っているだけではもらえないということです。**もらうためには、自分で手続きをしなければなりません。**これを「裁定手続き」といい、年金事務所に申請をすることが必要です。

必要となる書類には、年金事務所で入手する**裁定請求書**があります。これに年金手帳や厚生年金保険の被保険者証などを添付して提出します（その他に必要な書類としては、次ページのようなものがあります）。とにかく添付書類が多いということ、また、裁定請求書の書き方が難しいということもあるので、最初は年金事務所とよく相談することが求められます。

裁定請求書が受け付けられると、数ヵ月後に年金証書が自宅に送られてきます。そこからさらに数ヵ月後、年金の振込み通知書が送付され、指定口座に年金が振り込まれます。

ここまでの流れで、だいたい4～6ヵ月くらいかかります。

なお、年金はその支給を全部又は一部繰り上げてもらう制度もあります。例えば、国民年金の老齢基礎年金は、本人が希望すれば受給年齢の繰上げが可能です。ただし、その場合はもらえる金額が、65歳までの間がどれくらいあるかによって月あたり0・5％ずつ減額されます。

やはり、どうしても前倒しをしてほしいという場合は、減額分のことを頭に入れながら年金事務所とよく相談をして決めましょう。

年金をもらう手続きの流れ

① 年金をもらうまでのフロー

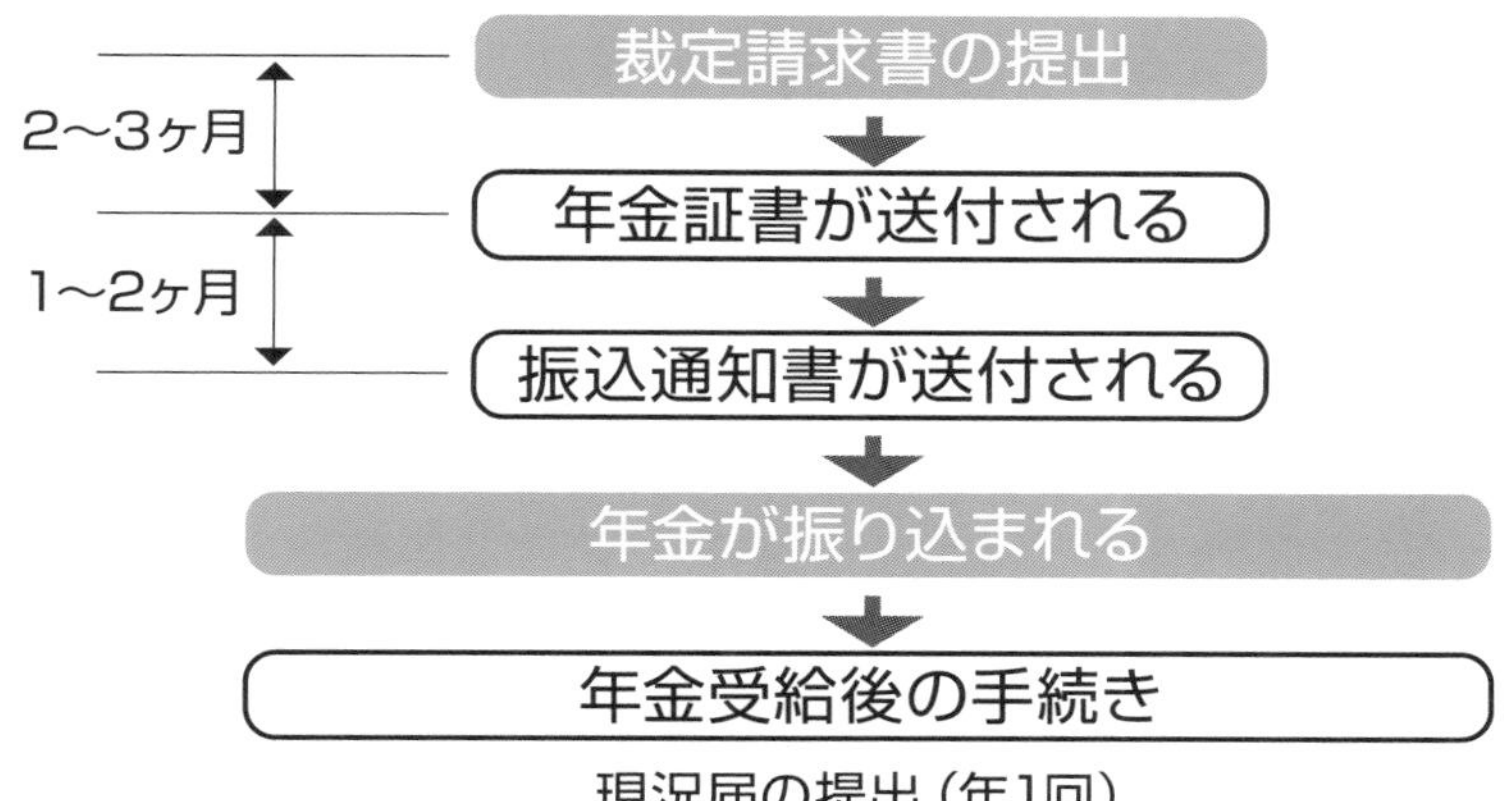

現況届の提出（年1回）

② 裁定請求の必要書類

裁定請求書を提出するときに必要書類は、以下のとおりです。また、あなたの家族構成、所得などにより、必要書類は異なってきますので、一度年金事務所で相談したほうがよいでしょう。

必要なもの

- ☑年金手帳（基礎年金番号通知書）　本人分と配偶者分
- ☑戸籍謄本　本人分と配偶者分
- ☑住民票　世帯全員分
- ☑印鑑（認印でよい）
- ☑預金通帳
- ☑雇用保険被保険者証、雇用保険受給資格者証
- ☑課税証明書　配偶者分
- ☑年金証書（あれば）
- ☑その他、年金事務所が要求した書類（国民年金・厚生年金保険老齢給付裁定請求書など）

年金のチェックポイント！

- □国民年金の被保険者は3つに分類される
- □国民年金の加入手続きは退職後14日以内に行なうことが必要
- □厚生年金基金を脱退する際、加入年数によって脱退一時金としてすぐ受け取るか将来受け取る、あるいはそのまま次の基金に持ち込むことも可能
- □確定給付型から確定拠出型は脱退一時金を、確定拠出型から確定拠出型は運用資産をそのまま持ち運べる
- □転職先に確定拠出型年金がない場合は、「個人型の確定拠出年金」に移すか「脱退一時金」として受け取る
- □老齢基礎年金は65歳から、厚生年金は60歳から条件を満たせば受給が可能
- □老齢基礎年金の受給資格期間は原則10年
- □条件を満たせば老齢年金以外にも「障害年金」や「遺族年金」も受給できる
- □退職の際には自分の「年金加入期間」を正確に把握する
- □年金をもらうには受給開始年齢になったあとに手続きをすることが必要

第5章

税金の基礎知識と手続き

1 退職後に「税金」で大きく変わるのはどんな点か

退職後の大きな変化として、もう一つ忘れてならないのは税金に関することです。

第1章でも述べたように、会社勤めをしている間は、月々の給与から所得税や住民税が天引きされ、年末調整によって払いすぎた分を戻してもらう仕組みでした。それが、いったん退職すれば、**「会社にやってもらっていた」手続きをすべて自分で行なわなければなりません。**

退職後にすぐ転職する場合であれば、新しい会社が手続きをしてくれるわけですが、しばらくは失職した状態が続いたり、自分で事業を行なうなどの場合は、様々な手続きが必要になります。また、退職金などの一時金を手にした人の場合、その後にすぐ転職を果たしたとしても、一時的な所得に対する手続きを自分で行なわなければならないこともあります。

本章では、所得税に対する確定申告の話を中心として、自らが各種税金を支払うにはどうすればよいか。転職を果たした場合でも、確定申告をしたり、自分で税金を支払ったりしなければならないのはどんなときかということについて述べてみたいと思います。

まずは、そもそも所得税というのはどういう仕組みになっているのか。会社員だった時にはどのように計算されていて、離職をするとその計算方法等が変わるのかどうか。そうした基本的なことについて比較してみましょう。退職前であれば、手元に給与明細書があるはずですので、そこに記された項目を見ながら、退職前後の違いを意識してください。

退職前後で、税金に関して変わること

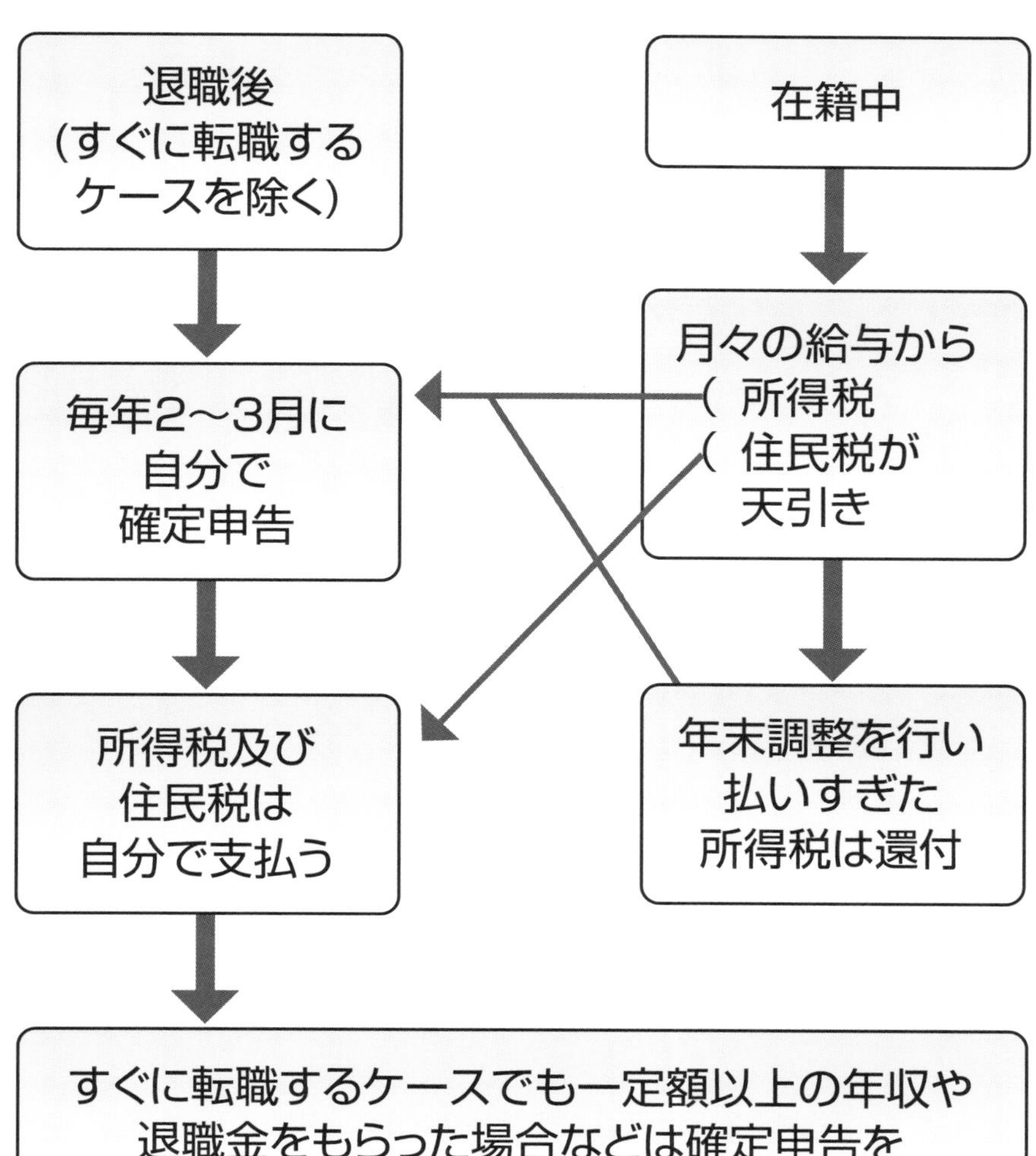
退職後
(すぐに転職する
ケースを除く)
毎年2〜3月に
自分で
確定申告
所得税及び
住民税は
自分で支払う
在籍中
月々の給与から
(所得税
(住民税が
天引き
年末調整を行い
払いすぎた
所得税は還付
すぐに転職するケースでも一定額以上の年収や
退職金をもらった場合などは確定申告を

2 所得税の仕組みと退職前後の相違点について

所得税の計算を行なう場合に、ベースとなるのが「所得」です。会社からもらう給与や老後の年金などの総額は「収入」であり、これがそのまま「所得」になるわけではありません。

一言でいえば、「所得」というのは、「収入」から必要経費を差し引いたものです。

必要経費というのは、収入を得るためにかけなければならない支出をさします。自営業であれば、売るための商品を仕入れた金額、あるいは商売に必要な設備等を整えたり、販売促進のために広告宣伝を打ったりした場合にかかる金額のことをいいます。

もちろん、会社員の場合であっても、日々の仕事の中で様々なお金がかかることに違いはありません。しかしながら、例えば商品の仕入れにかかるお金などは、会社員自身が支払うわけではなく、ほとんどは会社側が支出しています。出張等にかかる交通費なども、そのたびに清算して会社から受け取っていることを考えれば、これも会社員自身が負担しているわけではありません。

では、会社員に必要経費はかからないのでしょうか。例えば、会社員個人が自分の営業成績を上げるためには、スーツを新調したり、自分で書籍などを買って勉強する場合もあるでしょう。これも、ある意味「必要経費」と見てもいいかもしれません。

しかしながら、どこまでが給与を発生させるための「必要経費」であるのかは、判断するのは簡単ではありません。そこで、簡便に所得を導き出す方法が使われています。

そもそも「収入」と「所得」はどう違う?

収入 － 必要経費 ＝ 所得

↓

サラリーマンの場合、この算定が難しい

↓

そこで…

年収に応じて給与所得控除額が決まっている

↓

●令和２年分

給与等の収入金額	給与所得控除額
162万5千円以下	55万円に満たない場合は55万円
162万5千円超 ～ 180万円以下	収入金額 × 40% － 10万円
180万円超 ～ 360万円以下	収入金額 × 30% ＋ 8万円
360万円超 ～ 660万円以下	収入金額 × 20% ＋ 44万円
660万円超 ～ 850万円以下	収入金額 × 10% ＋ 110万円
850万円超	195万円(上限)

3 在職中の所得税はどれくらいになっているのか？

会社員の必要経費がどれくらいになるのかを簡便に計算したうえで、給与のうち、自分の生活のために手にするお金――つまり所得が決定します。

計算方法としては、給与額に応じて決められている算出法から「給与所得控除額」を導き出します。そのうえで、給与収入から控除額を差し引いたものが所得となります。

この給与所得控除額は、次ページに示した表によって導き出されます。ただし、年間の給与収入が660万円未満の場合は、「所得税法別表第五」という表によって給与所得控除後の金額が求められます。この所得税法別表第五については、国税庁のホームページ等で確認してください。

例えば、年間の給与額が615万円という人であれば、別表第五によって給与所得控除後の金額は447万8400円となります。

ただし、会社員として働いている間であっても、「働き続ける」ために多額の支出を要してしまうケースがあります。一例としては、職務に直接必要な技術や知識を得るために勉強したり、資格を取得する場合、かなりのお金がかかってしまうこともあるでしょう。これを特定支出といいます。

この特定支出が、給与所得控除額を超えてしまう場合は、その超えてしまった金額を給与所得控除後の金額から差し引くことができるという仕組みがあります。ただし、この場合は自分で確定申告を行なうことがあるので、退職後の確定申告の部分を参考にしてください。

サラリーマン時代の所得を知ろう

❶ 前項5章2の表で、自分の「給与所得控除額」を知る

❷ 給与 × 一定率 − 給与所得控除額
↓
これで「所得」が、導かれる

❸ 年間収入が660万円未満の場合……
↓
「所得税法別表第五」で
控除後の金額を求める
(国税庁HPから簡易に計算できるシステムあり)

❹ 「仕事関係で多額の支出が出てしまう」場合
(特定支出)
特定支出＞給与所得控除額
所得 − (特定支出 − 給与所得控除額)
↓
ただし確定申告が必要
(どんなケースが特定支出になるかは、国税庁HPで確認)

4 退職した場合は、「確定申告」を自分で行なう

会社員の場合、月々の給与から所得税が引かれています。ただし、これはあくまで給与所得控除額のみから計算したうえで、概算的に所得税を算出したものです。

実は、控除額には、あなたが家族を養っている場合の扶養控除や配偶者控除、生命保険や損害保険に入っていた場合の各種保険料控除なども加わります。これらを計算に入れたうえで、年末に確定する正確な所得税額を計算し、その清算を行なう必要があります。

これを年末調整といい、会社員であれば、会社側に扶養控除申告書や保険料控除申告書などを提出したうえで、会社側に年末調整を任せる仕組みになっています。あなたが会社を退職した場合でも、年内に再就職を果たすことができれば、次の会社で年末調整はやってくれます。

問題は、年内に再就職をせず、その間収入（退職金などの一時金）が発生した場合です。その際は自分で「年末調整」の代わりの手続きをしなければなりません。これを「確定申告」といいます。なお、年内に再就職が果たせた場合（あるいは、そのまま今の会社に勤め続けた場合）でも、自分で確定申告をしなければならないこともあります。

例えば、在職中に年間の収入が２０００万円以上あった人は確定申告の対象となります。また、退職金があった場合、その金額から算出された所得税額が、会社側が天引きしている源泉徴収税額よりも高くなった場合も必要です。その他の対象ケースについては次ページをご覧ください。

退職して、自分で確定申告が必要なケース

A 年内に再就職をしない場合

・退職金などの収入について
確定申告が必要になる

B 年内に再就職をした場合

・以下の人は原則として確定申告が必要

❶ 給与の年間収入金額が2000万円を超える

❷ その会社の給与以外からの所得が合計で20万円を超える人

❸ 同族会社の役員などで、貸付金の利子や資産賃貸料などで受けとっている人

❹ 災害減免法により、源泉徴収の猶予などを受けている人

❺ 退職金などの所得の税額が源泉徴収金額より多くなる人

5 確定申告の入口は、まず年間収入の集計から

確定申告をする場合、まずはあなたが住んでいる地域の管轄税務署か市町村に出向いて、申告のための用紙をもらってください。確定申告は毎年3月中旬までに行なうことになっていますが、そのあたりの時期になると、詳しい申告の内容を記した冊子とともにもらうことができます。

申告書を見ると「収入金額等」という欄があります。ここに、直近の1月から12月までに発生した収入を集計して書き込むことになります。まずは、この収入集計を行ないましょう。

在職中の給与については、前項で述べたように「年間収入が2000万円以上」であれば、確定申告における収入の対象となります。また、在職中あるいは退職後に個人的に何らかのビジネスを手がけていて、そこで収入が発生している場合は事業収入となります。

それ以外には、不動産を取得していて、そこから地代や家賃が発生している場合。また、利子等の収入があって国内で源泉徴収がされていない場合。公的年金や私的年金などの収入がある場合などもすべて収入として合算する必要があります。

なお、退職金については、これも確定申告の対象となる収入ですが、源泉分離課税といって単独で所得税額を計算することになります。退職金が支払われた際、会社側に「退職所得の受給に対する申告書」を提出している場合には、すでに所得税の源泉徴収が行なわれているため、原則として確定申告をする必要はありません。

税法上の「収入」にはどんな種類があるか？

❶ 給与収入	会社から受けとった給与による収入 退職していなくても、2000万円以上なら確定申告が必要
❷ 事業収入	個人でビジネスなどをしていて手にした収入
❸ 不動産収入	不動産を賃貸などして得る家賃、地代など
❹ 利子・配当収入	利子収入は公社債・預貯金等の利子による収入 配当収入は、株式・出資によって得た配当による収入
❺ 雑収入	公的年金によって得る収入と、それ以外のものに分けられる 「それ以外」のものとしては、講演料や原稿料など

※なお、退職金については、源泉分離課税が適応されるため、ここでは別扱いとする

6 収入から必要経費を差し引いて所得を確定する

前項で、発生した収入を合算したら、そこから収入を発生させるためにかかった必要経費を差し引きます。何が必要経費になるのかについて、ここでは簡単に整理してみます。

まず、租税公課という、それまでに支払った税金等を必要経費にするというものです。といっても、所得税や住民税などは租税公課には当たりません。一般に退職をした人で、かかわりがあるものとしては自動車税などを上げることができます。

退職後に何らかのビジネスを手がけて収入が発生している場合、そこでかかった消耗品（文具類など）にかかる消耗品費、営業上必要な接待などを行なった場合の接待交際費、電話代やメールなどをするうえで使ったパケット代のうち事業に必要な部分を算定する通信費などがあります。

その他、どんなものが必要経費にあたるのかは、確定申告書に付いてくる冊子に目を通してください。不明な点は、最寄りの税務署などに確かめるといいでしょう。

なお、必要経費については、税務署からその経費についての証明を求められることもあります。その時のために、必ず必要経費の部分の領収書をとっておくようにしましょう。

また、高度な専門職として収入を得ている場合は、その技能を修得・研鑽するために研修会などに参加した費用も「技術研修会費」として必要経費にできる場合もあります。研修会などに参加した場合にも、その参加料などの領収書をとっておくようにしましょう。

何が「必要経費」にあたるのか？

① 租税公課のうち必要経費となるもの

・利子税・印紙税・事業税
・固定資産税・不動産取得税
・自動車税・登録免許税など

② 事業等を行なっている場合の事務所経費

・家賃・光熱費・通信費など

③ 収入を得る上で必要な消耗品費

・文房具・日用雑貨品・家具類など
（耐用年数1年未満のもの。1つ10万円未満のものに限る）

④ 旅費交通費

鉄道・タクシーなどを利用した際の費用
（遠出をした際の宿泊代なども含まれる）
なお、ガソリン代、駐車料などは車輌関係費となる

その他、接待交際費や広告宣伝費などがあります。
営業に関係のないものについては、計上できません

7 公的年金などをもらっている人の所得計算は？

公的年金などの収入については、雑所得に分類されます。公的年金等については必要経費などは発生しませんが、一定の金額が控除されたうえで所得として確定します。

まず、対象となる「公的年金等」の範囲ですが、国民年金のほか、厚生年金、共済年金、その他過去の勤務によって会社から支払われる年金（厚生年金基金など）も含まれます。ただし、障害年金や遺族年金には税金はかかりません。雇用保険からの基本手当も同様です。

この公的年金にかかる控除については、特別な計算方法があります。

まず、65歳以上と未満で控除額が変わります。次のページに記すように、もらっている公的年金等の総額ごとに定められた割合をかけます。その金額から、やはり年金等の総額によって定められた控除額を差し引いてください。これが、公的年金等にかかる雑所得となります。

税制改正により、令和2年分以降の「扶養親族等申告書」については提出した場合と、提出しなかった場合で所得税に差がなくなりました。そのため、受給者本人の障害者、寡婦（夫）にかかる控除、または控除対象となる配偶者または扶養親族にかかる控除が必要となる場合のみ「扶養親族等申告書」を提出することになりました。

1 年金所得の計算について

受給者の年齢	収入金額	所得金額
65歳以上	0円〜 330万円	110万円
	330万円〜 410万円	収入金額−25%＋27万5千円
	410万円〜 770万円	収入金額×15%＋68万5千円
	770万円〜1000万円	収入金額×5%＋145万5千円
	1000万円超〜	195万5千円
65歳未満	0円〜 330万円	60万円
	330万円〜 410万円	収入金額−25%＋27万5千円
	410万円〜 770万円	収入金額×15%＋68万5千円
	770万円〜1000万円	収入金額×5%＋145万5千円
	1000万円超〜	195万5千円

8 所得が確定したら、課税所得金額を求めよう

ここまでの計算で所得金額が確定したら、その金額から様々な所得控除を差し引いたうえで、課税のベースとなる「課税所得金額」を算出します。

所得控除とは、納税者の様々な事情に応じて、課税負担を軽くするために設けられているものです。例えば、あなたやその家族が健康保険などの社会保険料を支払っている場合に、社会保険料控除が適用されます。その他、生命保険や地震保険などに加入している場合、あなたが障害者である場合、医療にかかっている場合など、様々な状況に応じた控除メニューが設けられています。

会社にいるときも、年末調整に際して控除が適用されましたが、確定申告でも同様です。

なお、特に控除対象となっていない人でも、確定申告や年末調整をするすべての人に適用される控除があります。これを基礎控除といい、控除金額は合計所得金額２４００万円以下の人は48万円となっています。さらに、配偶者がいる場合には、その配偶者の合計所得が48万円以下である場合に「配偶者控除」が適用されます（ただし、内縁関係の人や生計を一にしない人は対象外です）。

控除額は原則38万円ですが、その配偶者が70歳以上の場合（老人控除対象配偶者）や障害がある場合（同居特別障害者）、さらにその両方が該当する場合によって、控除額が上乗せされます。

なお、配偶者の合計所得金額が48万円を超える場合でも、①納税者本人の所得が１０００万円以下、②配偶者所得が１３３万円未満であるときは、配偶者特別控除の対象になることもあります。

所得控除できるもの一覧

所得控除	控除金額	摘　要
社会保険料控除	支払金額	本人や本人と生計を同じくする家族の社会保険料。健康保険料や年金保険料などです。
小規模企業共済等掛金控除	支払金額	小規模企業共済等掛金を支払った場合に控除できます。
生命保険料控除	一般生命保険料、個人年金保険それぞれ最高12万円	本人や家族を受取人にした生命保険料で、一般保険料と個人年金保険料それぞれで控除できます(別の計算式により算出)。
地震保険料控除	最高5万円	本人や生計を同じくする家屋や家財等の地震保険料等により控除できます(別の計算式により算出)。
寡婦、寡父控除	27万円	配偶者と死別、離婚し、一定の条件を満たせば、控除できます。
勤労学生控除	27万円	本人が中学生～大学生等の学生で、給与所得が75万円以下等の条件で、控除できます。
障害者控除	27万円	障害者の本人、親族1人につき控除できます。(特別障害者なら40万円もしくは75万円になる場合もあり)
配偶者控除	最高38万円	合計所得金額が48万円以下の配偶者がいる場合に控除できます。(配偶者が70歳以上の場合は48万円)
配偶者特別控除	最高38万円	生計を同じくする配偶者で控除対象配偶者に該当しない場合、所得により控除額が異なります。
扶養控除	原則38万円	本人と生計を同じくする家族で合計所得金額が38万円以下である人で、年齢や同居の有無により控除額が異なります。
基礎控除	最高48万円	本人の所得に応じて0円～48万円
雑損控除	損害金額の内、一定額を控除した金額	災害や盗難等によって住宅や家財に損害を受けた人がやむをえない支出をした場合に控除できます(別の計算式により算出)。
医療費控除	医療費から一定金額を控除した金額	本人や生計を同じくする家族の医療費の合計が、一定の金額以上である場合に控除できます(別の計算式により算出)。
寄付金控除	特定の寄付金で一定金額を控除した金額	本人が特定の団体に支払った寄付金や、特定の政治献金等がある場合に控除できます(別の計算式により算出)。

9 課税所得金額に税率をかけて税額を算出

自分の所得金額から各種控除が差し引けたでしょうか。所得控除のメニューには、前項で述べた以外にも様々なものがあります。主なものは前ページに記した通りですが、確定申告書とともに入手できる手引きや国税庁のホームページなどでも確認できるので、見落とさないようにしましょう。

さて、課税所得金額を算出できたなら、この金額をもとにいよいよ課税額を求めてみましょう。課税額は、課税所得金額に一定の税率をかけ、そこから所得金額に応じた控除額を差し引いて算出することができます。税率および控除額については、次ページの表に示したとおりです。

例えば、課税所得金額が７００万円という場合、これに23％を乗じ、そこから63万６０００円を差し引き97万４０００円となります。こうして最終的な所得税の税額が求められるわけです。

ちなみに、すでに課税対象年において源泉所得税を支払っている場合、算出した税額から源泉所得税額を差し引いた金額を所得税として納付することになります。もし、すでに支払っている源泉所得税額のほうが多く、計算結果がマイナスになってしまう場合は、そのマイナス分が還付されることになります。つまり、確定申告というのは、支払う税金額を確定させるだけでなく、払い戻してもらう金額を確定させるための申告でもあるわけです。

なお、昨今は「ｅ－Ｔａｘ」というネットで確定申告ができるシステムがあります。これは事前登録が必要なので、希望する人は早めに国税庁のホームページをチェックしておきましょう。

所得税の算出方法

1　合計所得金額の算出

あなたの1年間の所得を合計する作業です。

（例）給与所得＝給与収入－給与所得控除額
　　　雑所得（年金等）＝年金額－公的年金控除額

2　所得控除の算出

扶養している家族や、さまざまな支出を合計する作業です。(前項参照)

3　税額の算出

合計所得金額から所得控除額を差し引き、そこから住宅取得等特別控除や配当控除等を差し引いた額に税率を乗じた額があなたの1年間の所得税の額になります。

所得税の速算表

課税所得金額	税　率	控除額
195万円以下	5%	0円
195万円以上 ～ 330万円未満	10%	97,500円
330万円以上 ～ 695万円未満	20%	427,500円
695万円以上 ～ 900万円未満	23%	636,000円
900万円以上 ～ 1800万円未満	33%	1,536,000円
1800万円以上 ～ 4000万円未満	40%	2,796,000円
4000万円以上 ～	45%	4,796,000円

4　税額の精算

あなたが1年間に支払った概算の源泉所得税と、③で算出した税額とを比較して、概算の所得税が少なければ納付、多ければ還付になります。

概算の源泉所得税＜③で算出した税額→納付
概算の源泉所得税＞③で算出した税額→還付

確定申告の時期は、原則として毎年2月16日から3月15日です。
忘れずに手続きを行ないましょう。

10 すぐに転職をした場合の「年末調整」はどうするか？

Aという会社を退職して、すぐにBという会社に転職した場合、年末調整はどうなるのでしょうか。あるいは、確定申告をしなければならないケースもあるのでしょうか。

まず、Aを退職し、その年の年末前にBに転職をしたとします。

その場合、その年にAで発生していた給与の源泉徴収票を退職時に発行してもらいます。そして、その源泉徴収票をBに提出し、AとBの給与の年末調整を一緒にしてもらうことになります。

では、転職が年をまたいでしまった場合はどうなるでしょうか。

その場合、年末に必要な清算が行なわれないまま新しい年を迎えることになります。そうなれば、たとえAからBへの転職期間がわずかだとしても、その翌年の2月から3月にかけて自分で確定申告をしなければなりません。ただし、Aの会社において、給与の支払いが月の初旬であるなどといったケースの場合、給与の支払いが行なわれた後ならばAで年末調整をしてもらうことは可能です。

なお、退職してから年末までの失職期間が長く、雇用保険からの基本給付以外収入がないといった場合、翌年に確定申告をしたとき、計算上は還付金が多く戻ってくることになります。

もちろん、早く転職をすることに越したことはないですが、新たに技能習得が必要になるなど、一定期間離職状態を続けなければならない場合、どのタイミングで退職をするかということも頭に入れておくといいかもしれません。

転職のタイミングと年末調整（すぐに転職をした場合）

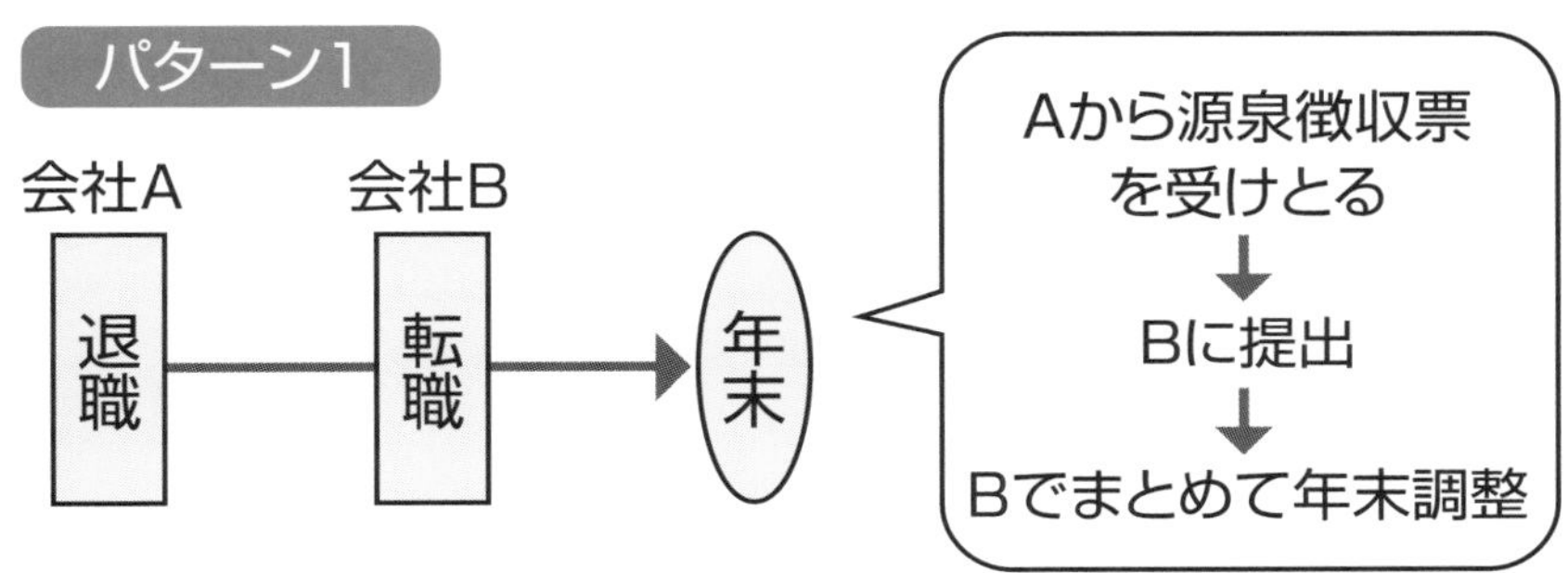

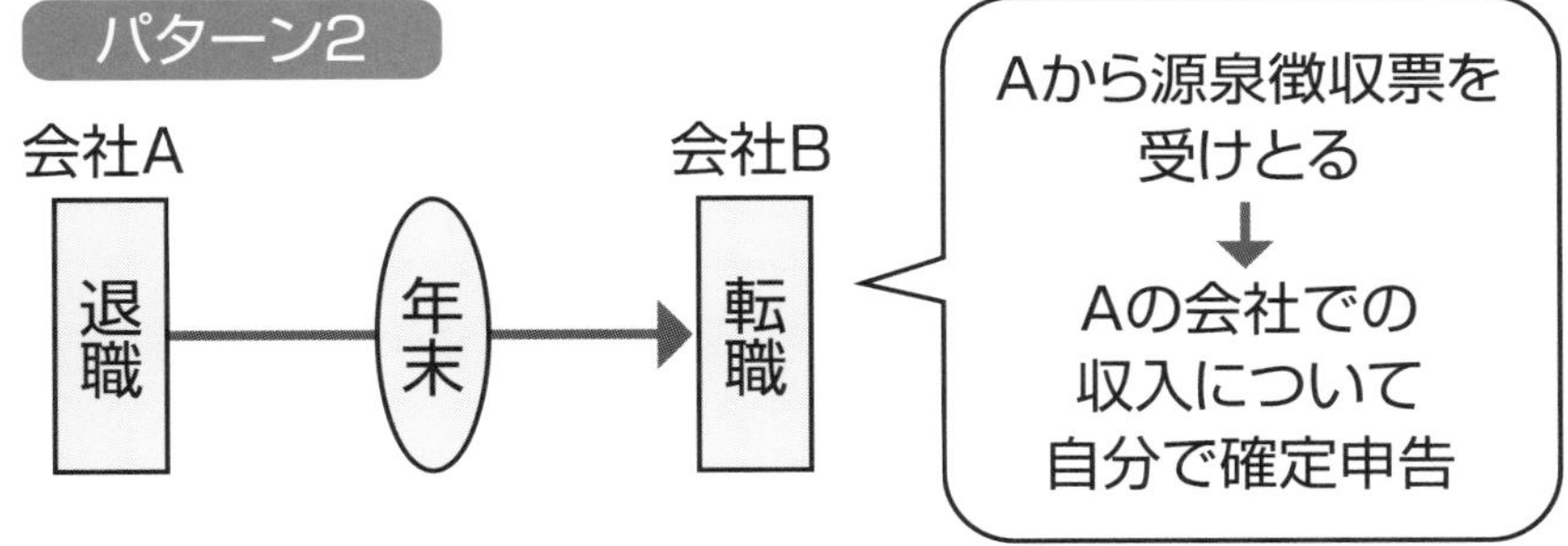

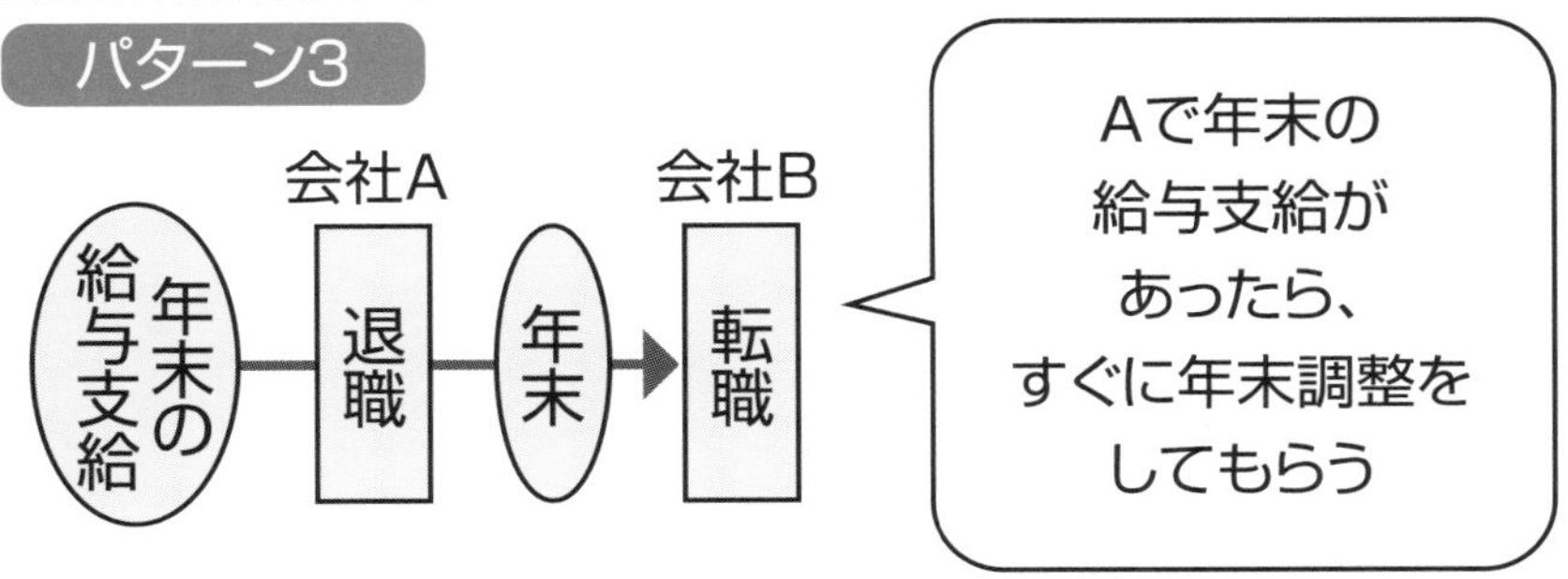

※税金はすべて1/1〜12/31で計算。

11 退職したら、住民税についても忘れずに納付を

退職に際して、もう一つ忘れてならないのが住民税、つまりあなたが住んでいる市町村および都道府県に支払う税金のことです。この住民税についても、在職中は会社がすべて給与から天引きし（これを特別徴収といいます）、あなたに代わって会社が納めてくれていました。

退職した場合、原則としてあなた自身が支払わなくてはなりません（普通徴収といいます）。ただし、いつ退職するかによって、前職の会社が代わりに納付してくれるケースもあります。

住民税は、前年の1年間（1月から12月まで）の所得をベースに計算をし、その翌年の6月から翌々年の5月までを納付期間として設定しています。会社における特別徴収については、納付期間となる6月から5月までの間を12等分して天引きがなされることになります。

その間に退職をした場合、原則としては6月から退職日までの間で、5月までの住民税が天引きされることになります。つまり、3月に退職をした場合、前年の6月から2月までは毎月の給与から住民税が天引きされ、残りの3ヵ月については退職月の3月に一括して天引きされるわけです。ただし、こうした天引きの方式は1月から5月までに転職した場合に限られます。

仮にあなたが6月から12月までの間で転職をした場合、会社と相談すれば残りの月の住民税も一括で天引きは可能ですが、それでは手取り額がかなり少なくなります。そこで、一般的には退職月までの分を会社で天引きして、それ以降はあなたが役所に直接納付する仕組みも選択できます。

住民税のしくみ

サラリーマンの住民税は、前年1月から12月までの所得に対して6月から5月まで12等分して給与から控除されます(これを特別徴収といいます)。

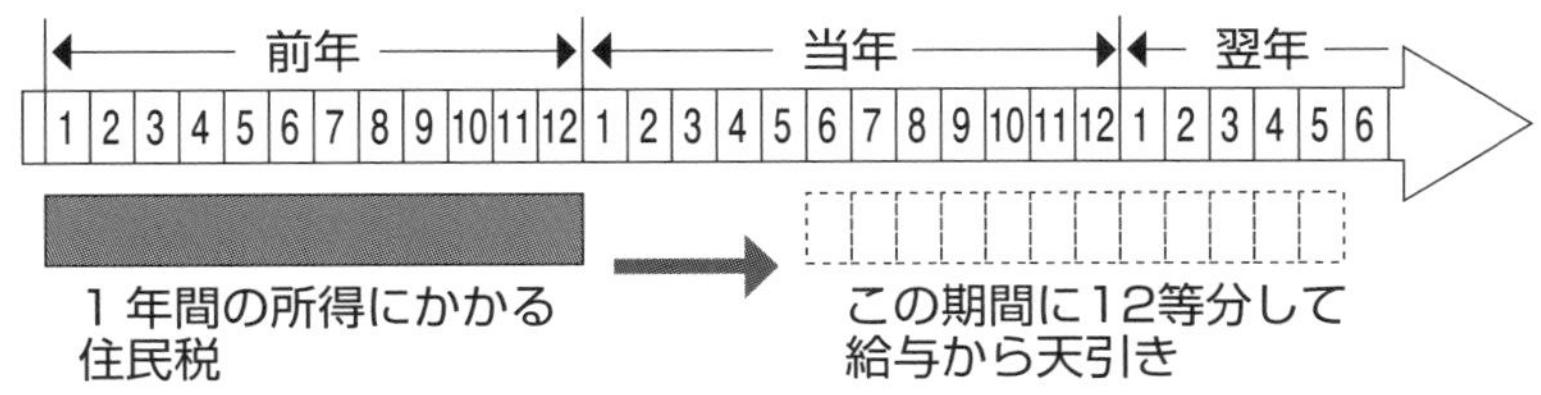

退職者の住民税の手続き

退職月が1月から5月までの場合

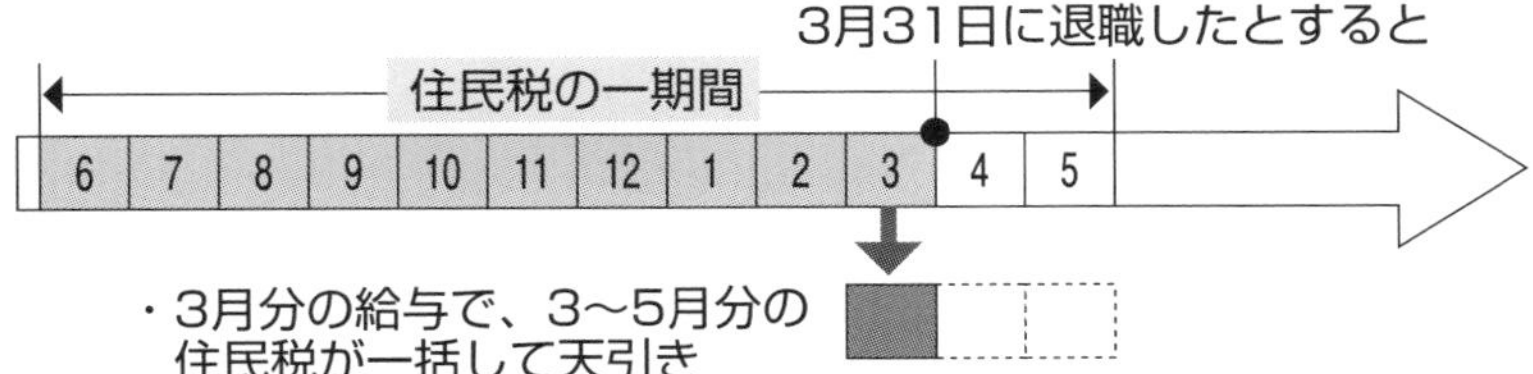

・3月分の給与で、3〜5月分の住民税が一括して天引き

退職月が6月から12月までの場合

・9月分の給与で、9〜5月分の住民税が一括して天引き
or
・10月以降分は役所に直接納付

12 退職金にかかる住民税は例外的な扱いも

前項で述べたように、住民税というのは、前年の1月から12月までの間の所得についてかかります。つまり、12月いっぱいまで働いて退職した場合と、年の途中で退職した場合では、翌年にかかる住民税の金額に差が生じるケースがあるわけです。

ただし、例外が一つあります。それが退職金にかかる住民税です。

すでに述べたように、退職金は他の給与所得とは分離して課税計算を行ないます。これを分離課税といいますが、退職金における住民税の計算でも事情は同じです。税額の計算方法としては、退職金から控除額を差し引いたものを2で割り、これに住民税率をかけて算出します。

住民税率や控除額がどれくらいになるのかについては、次ページの表を参考にしてください。なお、障害をもったために退職を余儀なくされたという場合は、控除額が100万円上乗せされます。

ポイントとなるのは、退職金にかかる住民税に限って、退職金が出た年の分として課税されるということです。つまり、他の所得にかかる住民税よりも前倒しで支払うわけです。

退職金については、他の税金の申告と異なる点が多々あるので、詳しいことは最寄りの税務署に相談してください。

退職金にかかる住民税の計算方法

① 退職所得金額を算出する

（退職金額－退職所得控除）× $\frac{1}{2}$ ＝退職所得金額

② 退職所得控除を算出

勤務年数
- 20年以下
  → 勤務年数×40万円(最低80万円)
- 21年以上
  → （勤務年数－20年）×70万円＋800万円

（障害があって退職した場合は控除額が100万円上のせ）

③ 退職所得金額から住民税を算出

退職所得金額×10%＝ Ⓐ

※「退職所得の受給に関する申告書」を提出しない人の場合
- 退職金額×20%×所得税1%が源泉徴収されてしまいますので、確定申告が必要になります。

税金のチェックポイント！

- □退職後は所得税や住民税等を自分で払わなければならない
- □所得税の計算をするには、まずは自分の「所得」を知ろう
- □退職後、年内に再就職しないのであれば確定申告をする必要がある
- □確定申告は年間収入（給与収入・事業収入・不動産収入・利子&配当収入・雑収入）の集計から始める
- □収入から必要経費（経費になる租税公課・事務所経費・消耗品費・旅費交通費）を引いて所得を確定させる
- □公的年金にかかる控除には特別な計算方法があるので要注意
- □所得金額から所得控除を差し引いて「課税所得金額」を算出し、その金額に税率をかけて税額を出す
- □年末前に転職した場合は源泉徴収票を転職先に提出し、転職が年をまたいだときは確定申告が必要となる
- □住民税の納付は退職月によって手続きが異なる
- □退職金は所得税や住民税のどちらにおいても特別な計算方法を用いるので要注意

第6章

転職を成功させるキャリアアップ戦略のコツ

1 長い目で見た人生設計から逆算した「戦略的退職」を

退職というと常にネガティブなイメージがつきまといます。昨今は、新型コロナウイルス感染症の拡大による雇い止めなどが社会問題となり、会社都合による退職を強いられるケースが増え、ネガティブなイメージはさらに加速しています。自己都合の退職についても、競争がますます激しくなる社会において「会社から逃げた」というイメージがつきまといやすくなり、転職希望先の評価も厳しくなる可能性が高まっています。

しかしながら、自分の人生におけるキャリア形成を考えた場合、「ここでは他分野への転職がどうしても必要」とか「いったん退職して技能習得などに専念することが必要」というタイミングが訪れることがあります。後々、職業人生を振り返ってみて、その退職がやはりベストのタイミングであったという評価がなされれば、その退職は一転してポジティブなものになります。

これは、コロナの影響など会社都合で退職した人でも同じことです。「本当は勤め続けたかったのに、退職せざるをえなかった」という場合でも、次のステップをどう選択するか（転職先をどう選ぶか、あるいは失職中にどのような職業訓練を積むか）によって、飛躍のチャンスへと転換できることもあります。

つまり、退職というイベントを職業人生上のターニングポイントとして、戦略的に位置づけられるかどうか――これが重要になってくるわけです。

「よりよい退職」の考え方とは?

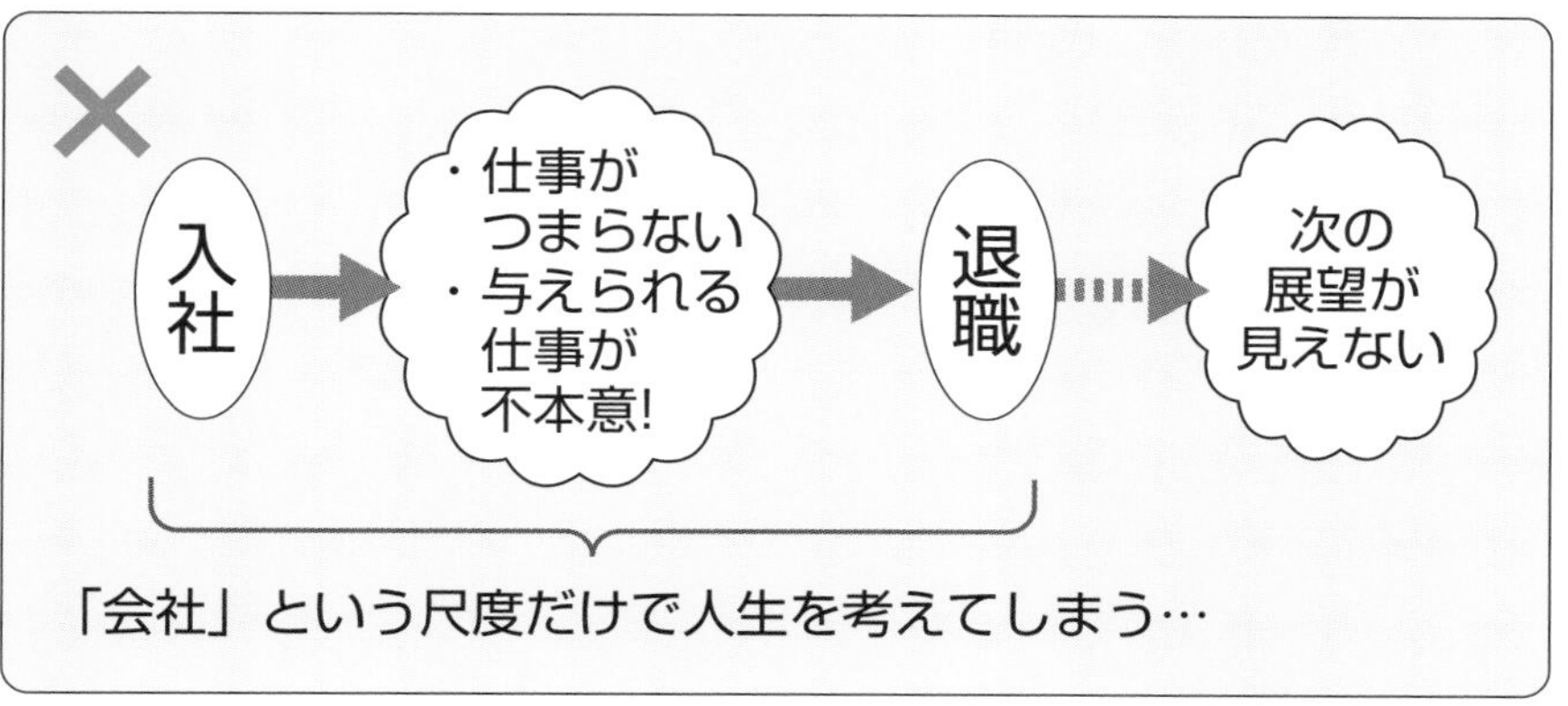

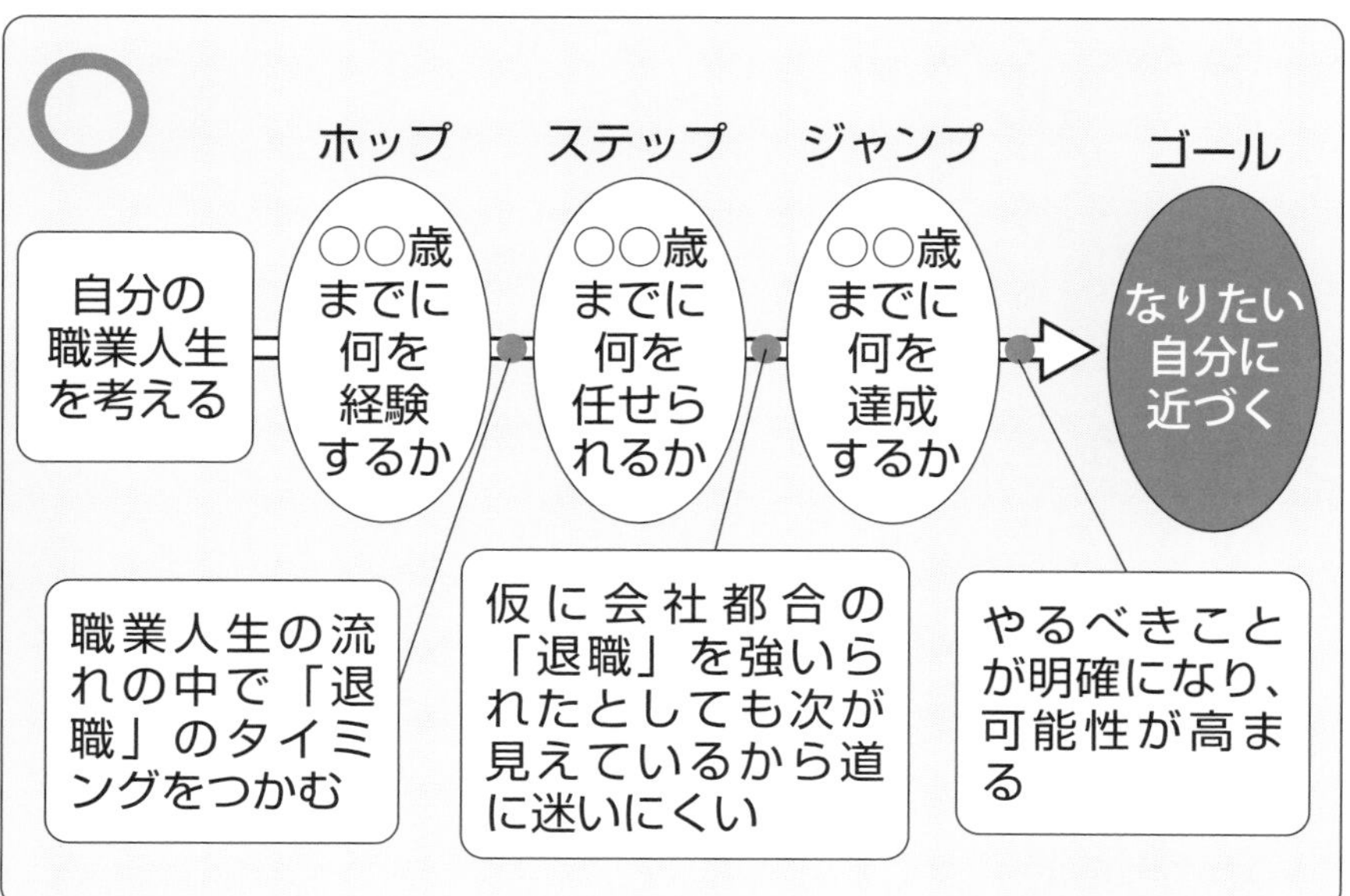

2 まずは自分自身のキャリアを、広い視野で棚卸しよう

「己を知り、敵を知り、地の利を知れば百戦危うからず」という言葉があります。職業人生を歩むうえでも、「己（自分）を知り」「敵（次に進むべき会社など）を知り」「地の利（社会がどんなキャリアを求めているか）を知る」という基本はまったく同じです。

中でも最も大切なポイントであるとともに、意外に「分かったつもり」になって軽視しがちなのが、「己（自分）を知る」ということです。自分がどのようなキャリアを身につけ、社会的にどのような評価を得ているのか——そんなことぐらい分かっているという人もいるでしょうが、自分のことであるがゆえに客観的に評価できない部分も多々あります。自分のキャラクター分析が大切。

まずは、退職の前に、「自分の客観的な姿を浮き彫りにする」ための棚卸し作業をしてみましょう。

自分の棚卸しというと、現在の職場で自分が就いている役職や地位、自分が果たしてきた営業成績、あるいは身につけている技能や資格などを羅列して終わってしまうケースがあります。中には、それをそのまま自分の履歴書や職歴書に記入して、自分を売り込む材料としてしまう人もいます。

今あげたようなポイントは、人間の全体像でいえば「携帯品」のようなものです。所持している携帯品だけで、その人を評価することなどありません。大切なのは、その「携帯品」をその人がどのように使いこなしているか、あるいは、その「携帯品」を使う中でその人がどのような効果を得ているのか——こうした幅広い見方が必要になるはずです。

職業人生を設計する上で押さえるべき3つのポイント

1 自分のことを知る 《己を知る》

・自分の長所・短所は何か?
・長所によって成し遂げた仕事とは?
・結果を出すことで培われたキャリアは?
・自分のキャリアは周囲からどんな評価を受けている?
・転職市場における自分の価値を考える

2 相手(会社のことなど)を知る 《敵を知る》

・自分が属する組織の長所・短所
・その組織で自分のキャリアは活かせるか?
・自分を活かせる組織・仕事とは?
・社会に貢献し、社会的責任を果たしているか?
・存在意義、存在価値のある会社か?

3 環境(社会状況など)を知る 《地の利を知る》

・自分のキャリアを会社が求めているか?
・これからの社会状況はどう変わっていくか?
・変わっていく社会の中で、自分が活かせる強みは?

3 自分のキャリアの棚卸しに必要なのは、「書くこと」と「自己問答」

具体的に、自分を棚卸しする作業をやってみましょう。まず、Ｂ４ほどの大判の紙を一枚用意してください。その紙の３分の１程度のところに２本タテ線を引き、３等分のスペースを作ります。

最初に、一番左側のスペースに「携帯品」にあたるものを書き込みます。役職や職務内容、資格、技能などフォーマルなものにとどまらず、広い視野をもって書き込んでください。「こんなプロジェクトを任された」とか「業務外勉強会のリーダーを手がけた」などというものも加えていきます。

次に、中央のスペースには、「今の会社で学んだこと」を書き込みます。「上司と顧客に会いに行き、会話をつなぐというテクニックを学んだ」など、日常の仕事の中で展開されている場面を思い起こすと書きやすいでしょう。その際、「テクニックというが、具体的にどのようなテクニックなのか」という具合に、自分の中で「もっと具体的に」と自問しながら記すようにしてください。

右側のスペースには、「今の会社で人や組織に与えた影響」を書きます。他者への影響というのは、なかなか客観的に思い浮かべることは難しいかもしれません。そこで、「こんな時に同僚から感謝された」とか「飲み会で上司からこんな点をほめられた」という具合に、ここでも具体的な場面を思い浮かべながら、その事実だけを記していくので構いません。

最後に、この３つの項目を照らしあわせ、それぞれに関係があると思われる項目を線で結びます。例えば、左に書き込んだ技能などが、右の評価につながったと思えば、それぞれを線でつなぎます。

まずは「書きながら」自分の棚卸しをしよう

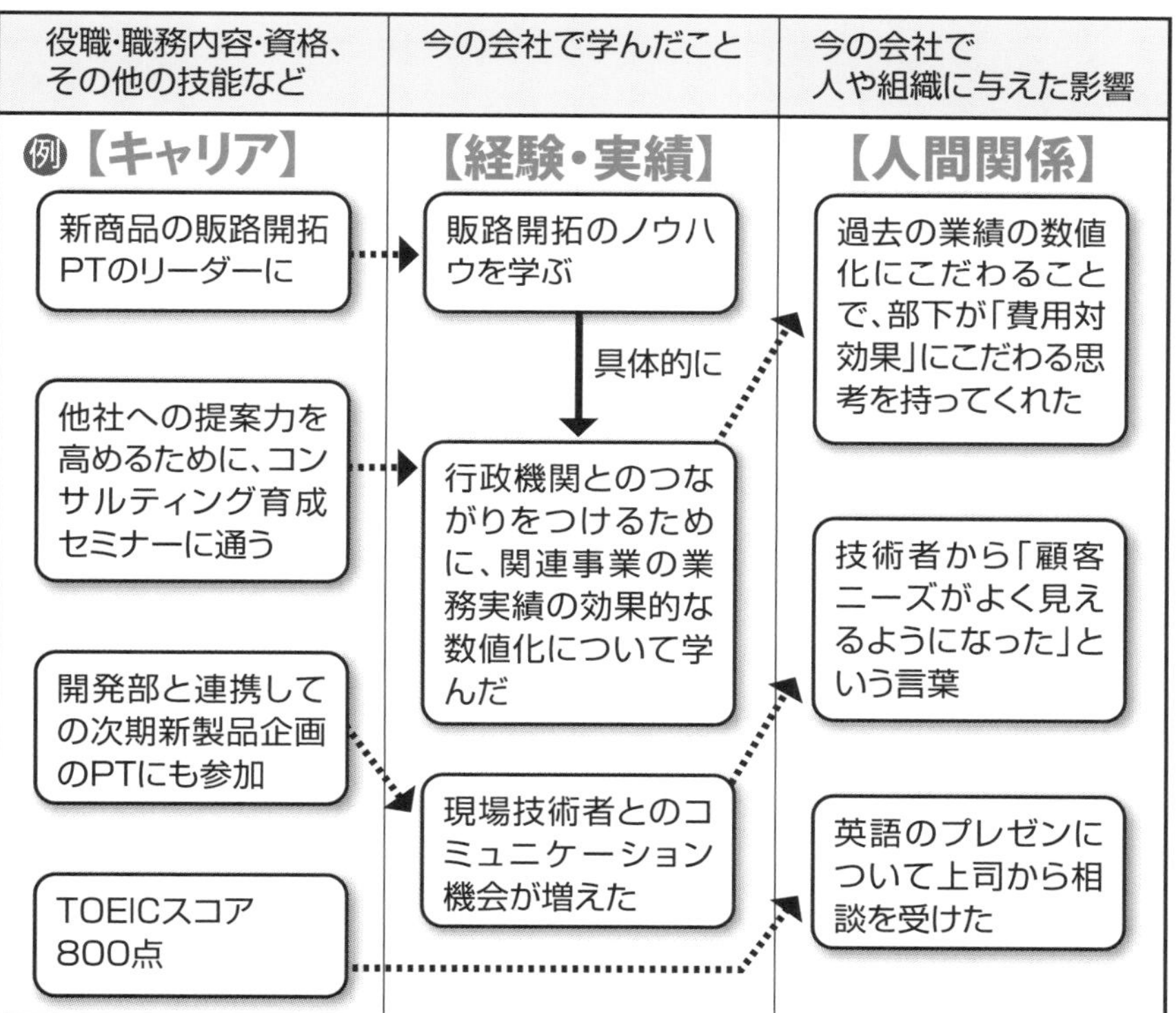

役職·職務内容·資格、その他の技能など
今の会社で学んだこと
今の会社で人や組織に与えた影響
例【キャリア】
【経験・実績】
【人間関係】
新商品の販路開拓PTのリーダーに
販路開拓のノウハウを学ぶ
具体的に
過去の業績の数値化にこだわることで、部下が「費用対効果」にこだわる思考を持ってくれた
他社への提案力を高めるために、コンサルティング育成セミナーに通う
行政機関とのつながりをつけるために、関連事業の業務実績の効果的な数値化について学んだ
技術者から「顧客ニーズがよく見えるようになった」という言葉
開発部と連携しての次期新製品企画のPTにも参加
現場技術者とのコミュニケーション機会が増えた
英語のプレゼンについて上司から相談を受けた
TOEICスコア800点

ワンポイントアドバイス

- 自分の中で「もっと具体的に」という自問を繰り返しながら、少しずつ書き加えていく
- 上司·同僚·部下との具体的なやりとりの場面を思い浮かべる習慣をつける
- 左から右へ書き込んでいく際、「物語」が見えてくるようにすることが大切
- 自分というブランドづくりをイメージする
- 等身大の自分と向き合い対話する

4 キャリアの棚卸しの図を見ながら、各項目の間を埋めていく

前項までに述べた「棚卸し」作業を終えた紙を、もう一度見直してください。

一番左の「自分のキャリア」を記した部分、中央の「自分が学んだこと」を記した部分、右側の「他者に影響を与えた部分」、そして、それらをつなぐ線を見ているともう一言書き加えたくなる部分が出てくると思います。例えば、「自分のキャリア」とした部分が「他者に影響を与えた」場合、具体的に「どのようにして」影響を与えたのかを書き込みたくなるはずです。

一例をあげれば、キャリアの部分で「ビジネス英会話」を身につけた自分がいたとして、他者への影響として「海外事業部の営業成績向上」という効果が上がっていたとします。

しかしながら、自分一人が「ビジネス英会話」をマスターしたとして、それだけでストレートに「海外事業部の営業成績」に結びつくものでしょうか。そこには、あなたが「ビジネス英会話」を身につけたことにより、チームの他のメンバーにしてみれば、交渉役はあなたに任せて、他の下準備に全力を注げるようになったことが「営業成績の向上」に結びつく要因だったかもしれません。

となれば、あなたは同僚や部下が苦手としていたことを、無意識のうちに引き受けていたことになります。その点から自分の過去を振り返ってみると、実はあなたには「他の人が苦手とする仕事を引き受ける」という習慣があり、それがチームの活性化につながっていた可能性があります。

こうした普段は目に見えない部分が、図にすることで浮かび上がってくるというわけです。

HOW(どのようにして)、WHY(なぜ)を意識して棚卸し作業を深めよう

例

部下から「部署内での仕事のコツがつかめない」と相談を受けた

結果

自分のアドバイスで「仕事の流れがよくわかり、悩みが解消された」と感謝された

相談されやすい、敵をつくらないオープンマインド

自分にはコーチングとかできる資質あり？

でも、一般的な仕事術などについては効果的なアドバイスができていないような…

どのようなアドバイスだと評価される？（HOW）

あくまで、自分が部署内の「仕事文化」に精通している？

なぜか？（WHY）

アドバイスする力というより日々の仕事の流れを観察し、整理する力があるからでは？仕事への洞察力？

部下や周囲の力量と人間性が把握できる

第1章　退職するときに心得ておきたい10のルール

第2章　雇用保険の基礎知識と手続き

第3章　健康保険の基礎知識と手続き

第4章　年金の基礎知識と手続き

第5章　税金の基礎知識と手続き

第6章　転職を成功させるキャリアアップ戦略のコツ

第7章　コロナ禍時代に気をつけたい退職・転職の新常識

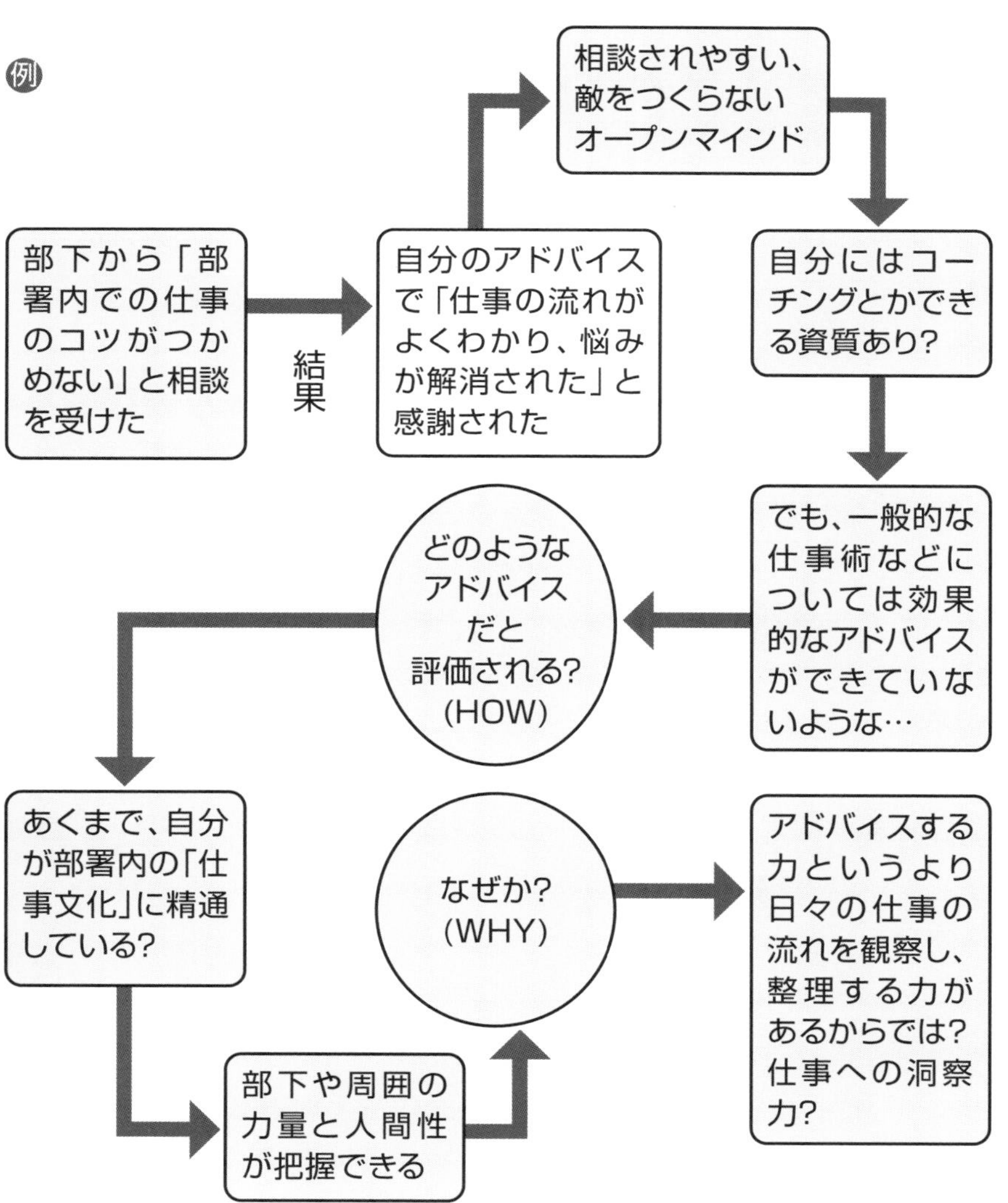

5 自分のキャリアの棚卸しが完了したら、次のステップを考える

前項のように、具体的に「どのように（ＨＯＷ）」を常に自問自答しながら、書き加えていくと、自分はどのような職業人生を歩んでいるかがおのずと浮かび上がってきます。

例えば、「商品開発のアイデアが人一倍採用されることが多い」という書き込みから、「それはなぜなのか」を掘り下げていくと、実は「創造力が豊か」というよりも「顧客との付き合いの中で、相手の本音を引き出すのが得意→それが採用される商品アイデアに結びついている」という背景が浮かび上がってきたとします。となれば、「人の意見を引き出して、ストレートに企業業績に結びつけるという仕事」こそが自分の進むべき道ではないかというビジョンが見えてきます。

では、今の会社で、自分の持ち球を伸ばしていくことは可能なのか。他に別の技能などを身につけつつ別の職業人生を歩んだ方がいいのではないか——様々な考えが浮かんでくると思います。

そこで次に必要なのが、「敵（自分がいるフィールド、進むべきフィールド）を知る」という段階です。つまり、自分が今いる会社の中で、「自分が伸びる」ために必要な業務が用意されているのか、それを手がけるチャンスが自分に開けているのかという状況を知るということです。

この部分をじっくり考察せず、勢いで退職をしたりすると、大変な遠回りになってしまうこともあります。前章までで述べたとおり、退職には様々なリスクも伴います。その点を頭に入れたうえで、今いる会社の内情（人間関係や勢力分布）などを観察することから始めましょう。

自分の長所を「伸ばせる」環境を考える

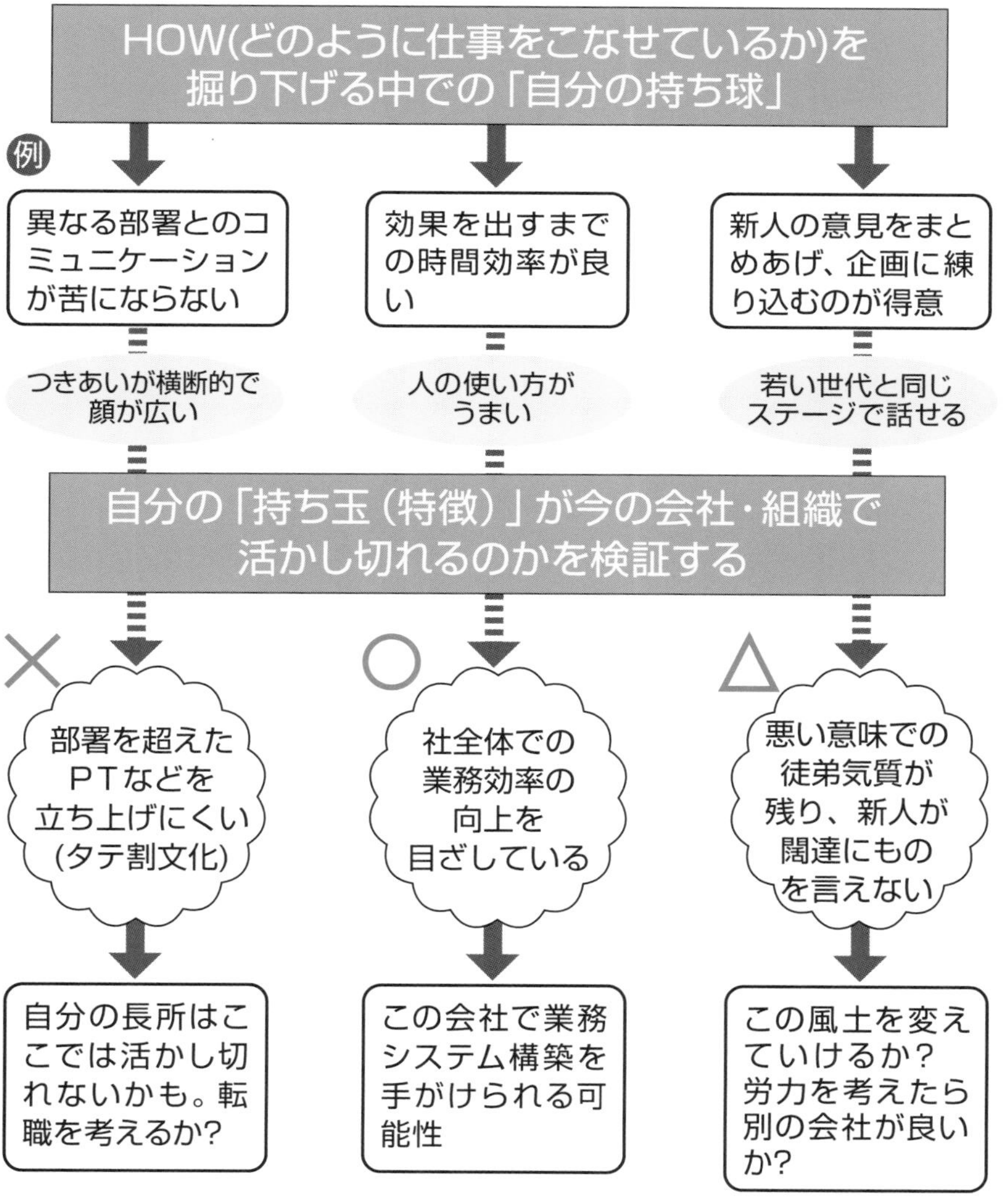

HOW(どのように仕事をこなせているか)を掘り下げる中での「自分の持ち球」

例

- 異なる部署とのコミュニケーションが苦にならない
  - ＝ つきあいが横断的で顔が広い
- 効果を出すまでの時間効率が良い
  - ＝ 人の使い方がうまい
- 新人の意見をまとめあげ、企画に練り込むのが得意
  - ＝ 若い世代と同じステージで話せる

自分の「持ち玉（特徴）」が今の会社・組織で活かし切れるのかを検証する

- ×　部署を超えたＰＴなどを立ち上げにくい(タテ割文化)
  - → 自分の長所はここでは活かし切れないかも。転職を考えるか?
- ○　社全体での業務効率の向上を目ざしている
  - → この会社で業務システム構築を手がけられる可能性
- △　悪い意味での徒弟気質が残り、新人が闊達にものを言えない
  - → この風土を変えていけるか？労力を考えたら別の会社が良いか?

6 自分にとっての次ステップが可能か。今度は会社を観察

自分の会社の仕事の仕組みがどうなっているのか。新卒社員などの場合、入社前に企業研究は十分にされており、企業全体の業績や今後の経営ビジョンなどについては、よく把握されていることと思います。ただし、自分が現場で手がけている仕事が、自分の職業人生にとって有益であるかどうかというミクロ的な視点というのは、事前の企業研究ではなかなか見えてきません。

しかしながら、実際にその会社に就職し、組織の内部に入ってみると、その企業がどうやって動いているかという「組織の生態」が見えてきます。例えば、会社の意思決定の仕組みがどうなっているか、外部に知れている評価制度が現場では実際にどうやって運営されているか――等々。

こうした内部事情が見えてくるまでに、およそ3年を要します。よく「どんなに会社に不満があっても3年は勤め続けるべき」という話を聞きますが、ここには、自身のキャリアを積むという以上に「その会社における自分の立ち位置が分かるまでに3年かかる」という意味も含まれています。

3年の間に内部から観察したことを、やはり大きな紙に書き込むことで一度整理してみましょう。最初は、何でもいいので気づいたことを、紙上にアトランダムに記していきます。そして、書かれたものを俯瞰して眺めてみると、まったく異なる項目でも実は同じ法則が働いているのでは……と気づく部分があったりします。その項目同士を、やはり線で結んでいきます。すると、自分がやりたい、進みたいと考えることが実現できるか否かのポイントも見えてきます。

その社会の「組織生態」を観察してみよう

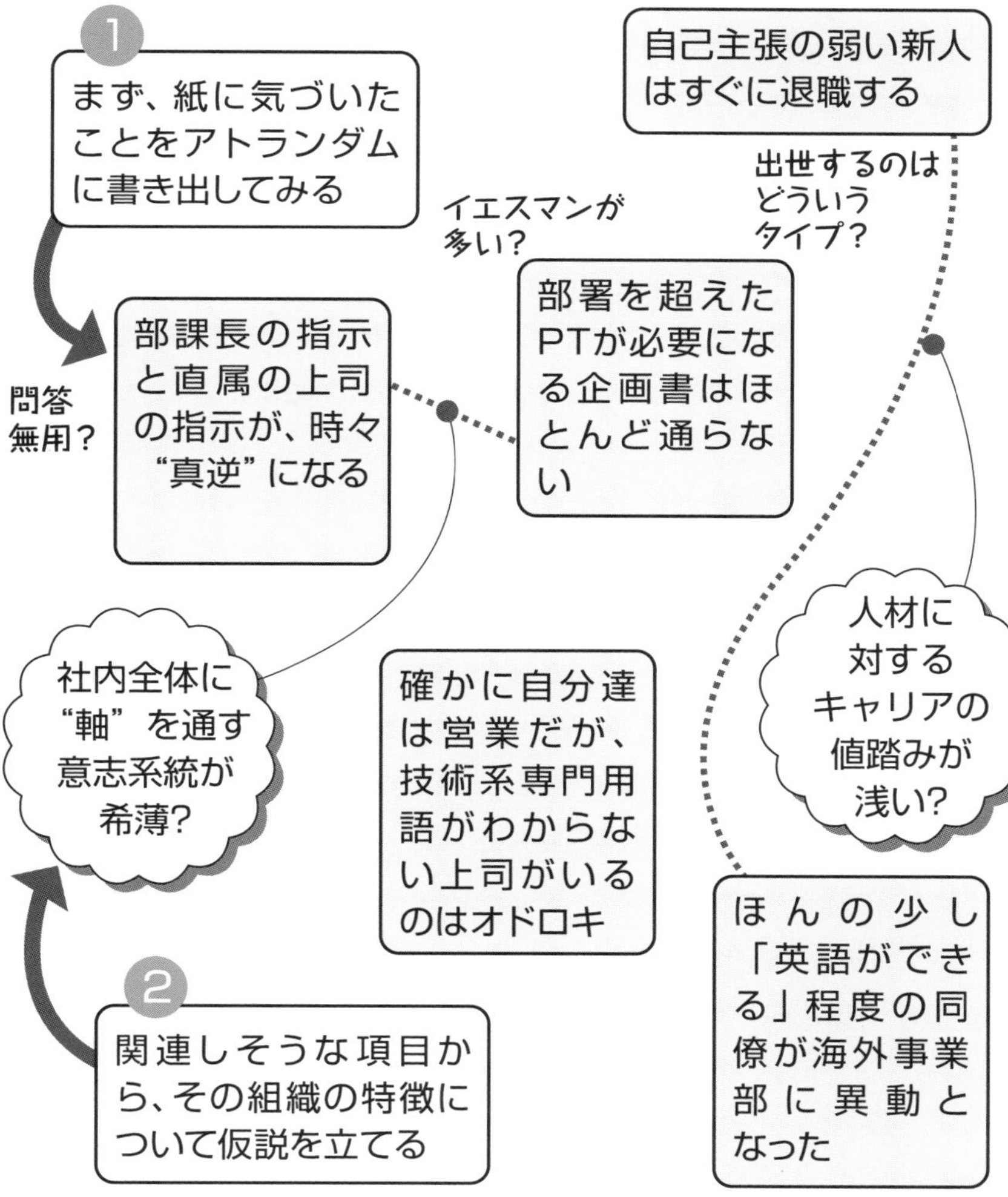

1 まず、紙に気づいたことをアトランダムに書き出してみる

部課長の指示と直属の上司の指示が、時々"真逆"になる

問答無用？

イエスマンが多い？

部署を超えたPTが必要になる企画書はほとんど通らない

自己主張の弱い新人はすぐに退職する

出世するのはどういうタイプ？

社内全体に"軸"を通す意志系統が希薄？

確かに自分達は営業だが、技術系専門用語がわからない上司がいるのはオドロキ

人材に対するキャリアの値踏みが浅い？

ほんの少し「英語ができる」程度の同僚が海外事業部に異動となった

2 関連しそうな項目から、その組織の特徴について仮説を立てる

7 会社の事情と「棚卸し」した自分のビジョンを推し量る

前項の図について、例えばこんな「気づき」が書き込まれたとします。

①同じ管理部門でも課によって人の動きがまったく違う、②プロジェクトの内容によって決済のタイミングにズレがある——これは何を意味するのかをもう少し深く考察すると、「業務分野によって指示・管理系統がタテ構造になっており、現場レベルでのヨコのつながりが薄いのでは」という仮説が見えてきます。ここに、棚卸しした自分の「進むべき方向性」を当てはめてみましょう。

例えば、「企業全体の財務を常に頭に入れた、幅広い視野でできる」という評価が他者からあり、自分自身も「企業財務と現場をつなぐパイプ役を担いたい（それが、組織全体を活き活きさせる潤滑油になる）」「将来的には公認会計士の資格も取得したい」という棚卸しができていたとします。

ここで、部門間のヨコのつながりが薄い企業文化の中で、組織横断的な性格の強い自分の持ち味やキャリアビジョンが活かせるのかどうかが問題になります。「自分の持ち味を活かし、企業風土を変えていく」というビジョンを持つこともできますが、相当なエネルギーを必要とするでしょう。

そのエネルギー消費を「将来的に役立つ経験」ととるのか、「無駄な時間になってしまう」ととるのか。このあたりが判断の分かれ目となります。バランスのとれた考え方をするのであれば、「企業風土を変えるという方向で、現在の職場のまましばらく頑張り、一定の結果を出したところで一気に経験が活かせるような風土の会社に移る」というビジョンも見えてくるでしょう。

今の会社（組織）の現状に自分の進むべき方向性をあてはめてみる

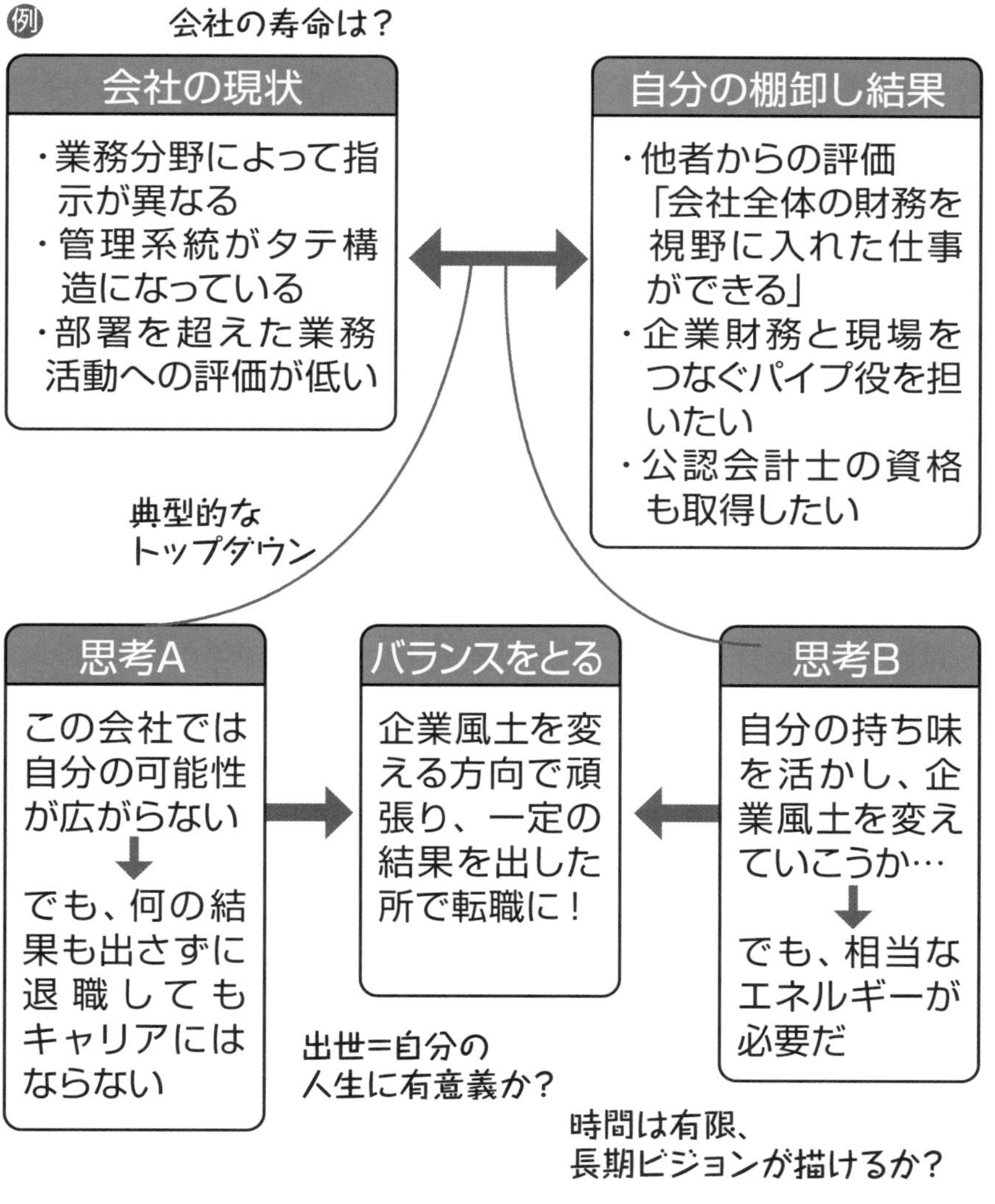

例　会社の寿命は？

会社の現状

・業務分野によって指示が異なる
・管理系統がタテ構造になっている
・部署を超えた業務活動への評価が低い

自分の棚卸し結果

・他者からの評価「会社全体の財務を視野に入れた仕事ができる」
・企業財務と現場をつなぐパイプ役を担いたい
・公認会計士の資格も取得したい

典型的なトップダウン

思考A

この会社では自分の可能性が広がらない
↓
でも、何の結果も出さずに退職してもキャリアにはならない

バランスをとる

企業風土を変える方向で頑張り、一定の結果を出した所で転職に！

思考B

自分の持ち味を活かし、企業風土を変えていこうか…
↓
でも、相当なエネルギーが必要だ

出世＝自分の人生に有意義か？

時間は有限、長期ビジョンが描けるか？

8 現在の立ち位置と自分の役割が明らかになれば、転職も楽に

前項で示した「バランスのとれた考え方」ができれば、実は、スムーズな転職を実現するうえで大きな力となります。先の考え方を整理してみると、①現場の課題が見えている、②その課題の中で自分のやるべきことが見えている、③①②が見えていれば「自分がやったこと」の評価がしやすい、④困難な状況下で結果が出せれば大きな売りとなる、⑤たとえ結果が出なくても課題が明確であるために次のステップで改善すべきテーマが明らかとなる⑥自分の成長につながる……という具合に結び付いてきます。

この「課題の明確化」→「チャレンジしたうえでの評価」→「改善すべき点、新たに培った強みの把握」というストーリー展開は、これをそのまま職歴として記録すれば、転職希望先の採用担当者としても、あなたを採用することのメリットをつかみやすくなります。

つまり、ここまでできれば、退職は職業人生の大きなステップとして活かすことができるわけです。ただし、ここでいくつか補完しなければならない点があります。一つは、「自分の売りを魅力ととらえてくれる企業があるのかどうか」。二つ目は、「企業社会全体の大きな流れの中で、自分の売りが活かせる道は本当に開けているのかどうか」。三つ目は、「自分の成長段階はいま何%なのか」。もう一つは、「自分の売りをさらに伸ばしていくためには（企業としては、現在の売りとともに将来に向けた伸びしろを含めて、あなたを採用するかどうかを判断します）、どれくらいの時間とお金の投資が必要なのか。その資源はあるのかどうか」という、より現実的な判断です。

職歴をストーリー化し人事担当者にアピール

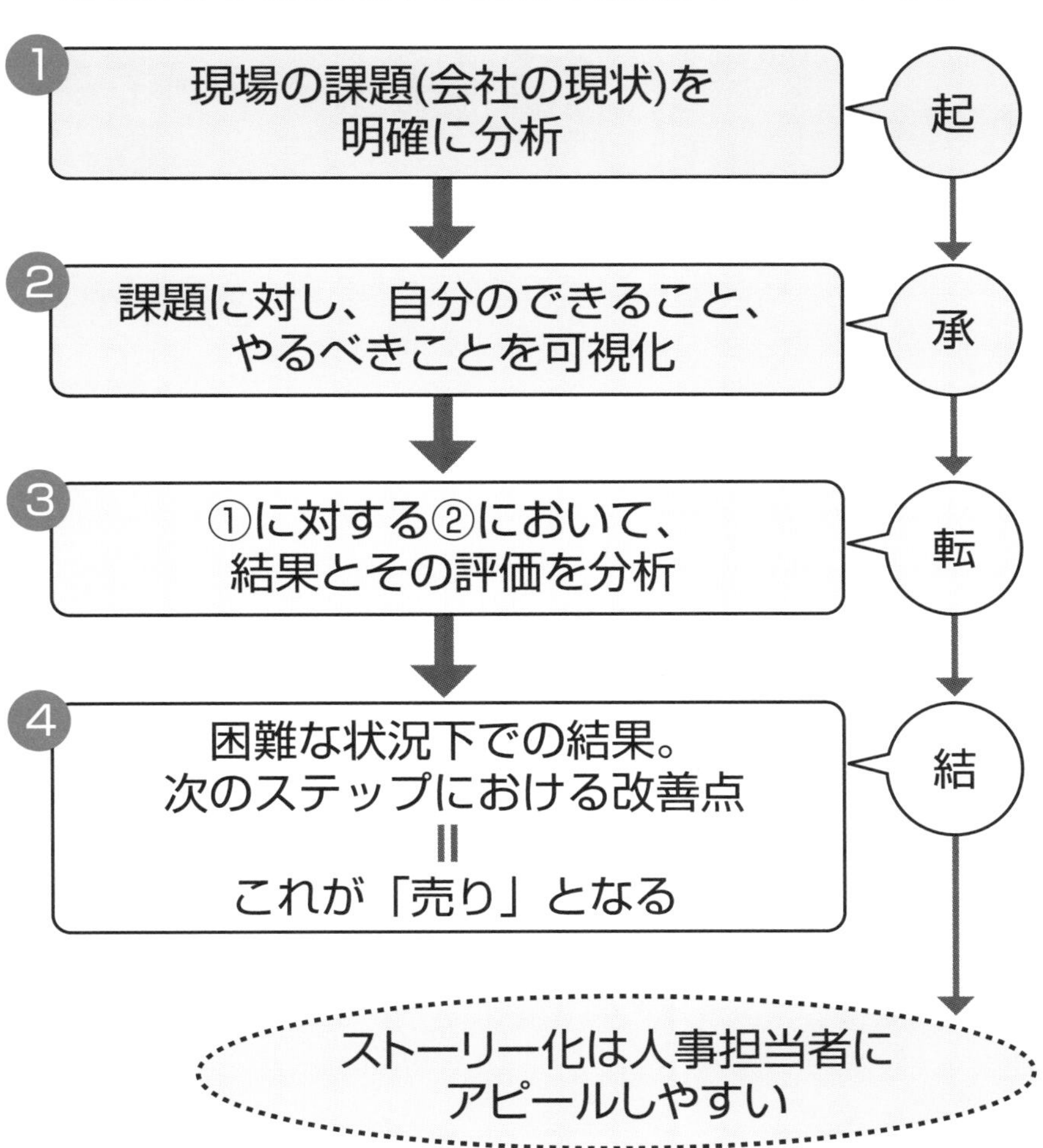
前項までの考え方は、そのまま「職歴」ストーリーになる
1
現場の課題(会社の現状)を
明確に分析
起
2
課題に対し、自分のできること、
やるべきことを可視化
承
3
①に対する②において、
結果とその評価を分析
転
4
困難な状況下での結果。
次のステップにおける改善点
=
これが「売り」となる
結
ストーリー化は人事担当者に
アピールしやすい

9 自分の「キャリアの棚卸し」が活かせる会社を探すには？

あなたが目指そうとしている「役割」を果たす場所は、今の会社以外にあるのかどうか。自社の事情をリサーチする一方で、「転職」の可能性をみすえて、他社の事情にも目を向けてみましょう。

ネットや業界紙など、企業情報をつかむ方法は多々ありますが、自分のキャリアが本当に活かせる会社なのかどうかという奥深い事情については、公式に発信されている情報だけではなかなかつかむことはできません。やはり、個人的なネットワークを使い、「生の情報」を集めることが必要です。

例えば、異業種交流会などに参加しながら、目当てとする業界他社の社員と近づきになり、あなたが考えているキャリアが活かせる仕組みや風土があるのかどうかをリサーチします。あるいは、取引先との付き合いの中で、様々な企業情報をつかみつつ、複数の情報を統合しながら、目当てとする企業像を立体的に組み上げていくという方法もあります。

そのうえで、「この会社なら、棚卸しした自分を活かせる道がありそうだ」となれば、今度はピンポイントで情報を掘り下げる「つて」を開拓してみましょう。

例えば、目当てとする企業に出身校のＯＢはいないか。異業種交流会のメンバーから、その会社の人を紹介してもらえないか。様々な方法を駆使して、その会社についての「生の声」を聞きだす機会を模索してみます。もちろん、企業秘密にかかわることは聞きだせませんが、「自分が考えている仕事を活かせる風土があるか」といったことならアドバイスを受けることも可能でしょう。

目当ての「企業」の生情報をつかむ戦略

① 人脈づくり

- 異業種交流会で近い業界筋の人と近づきに
- 業界団体による研究会などに出席
- 取引先から「勉強したい」という名目で紹介を受ける

↓

出身校OBなど、学校系人脈も活用しながら人脈拡大

↓

② 一次情報の収集

- ネットで発信されている企業の公開情報
- 経済マスコミや業界紙・誌などから大きな動向をつかむ
- 「会社四季報」などに目を通し、業態動向等をチェック

ネット上の匿名掲示板などは当てにならないが、「動き」の有無をつかむことはできる

↓

③ より深い情報を仕入れる

- 人脈で知りあった人から「自分の可能性」が活かせるかどうかを探り出す
- 一次情報でつかんだイメージと直接聞く情報にズレがある場合には注意が必要

→

転職フェアなどをのぞき、目当ての企業担当者と話をしてみて、自分が描いた仮説を検証してもよい

退職はいつでもできる

- 流されないこと
- 芯がブレないこと
- 立ち止まる勇気をもつこと

10 ハローワークやキャリアコンサルティングを活用する

次に必要なのが、より広い視野から「自分が考えているキャリアの方向性が、業界全体、あるいは社会状況などから適切であるのかどうか」を調査することです。

こうした情報についてはは、やはりプロの意見を聞くのが一番でしょう。自分の「棚卸し」を客観的な視点で評価してもらい、足りない部分等を補完するうえでも重要です。

身近なところでは、ハローワークを活用するという方法があります。ハローワークというと「求人情報を取得する場所」というイメージが強いですが、全国のハローワークの中には、キャリア・コンサルタントを配置して、転職に関する幅広い相談を行なっているケースもあります。

また、独立行政法人の雇用・能力開発機構が、各都道府県センターを設けており、そこで無料のキャリアコンサルティングを受けることも可能です。民間のキャリアコンサルタント会社も増えていますが、相談料やコンサルティングの手法等によっては、あなたのニーズとの間でズレが生じることもあります。初回相談は無料という所もあるので、複数のコンサルタントに会いながら、自分にあったコンサルタントを地道に見つけだす努力も求められるでしょう。セカンド・オピニオンとして大切な情報となります。

いずれにしても、効率的にコンサルティングを受けるためには、現状の課題や自分の進むべき方向性をあらかじめしっかり持っておくことが必要です。その意味で、先に述べたような「棚卸し」や「現状の会社分析」などを進めておくことには大きなメリットがあるわけです。

雇用・能力開発機構が行なうキャリアコンサルティングの流れ

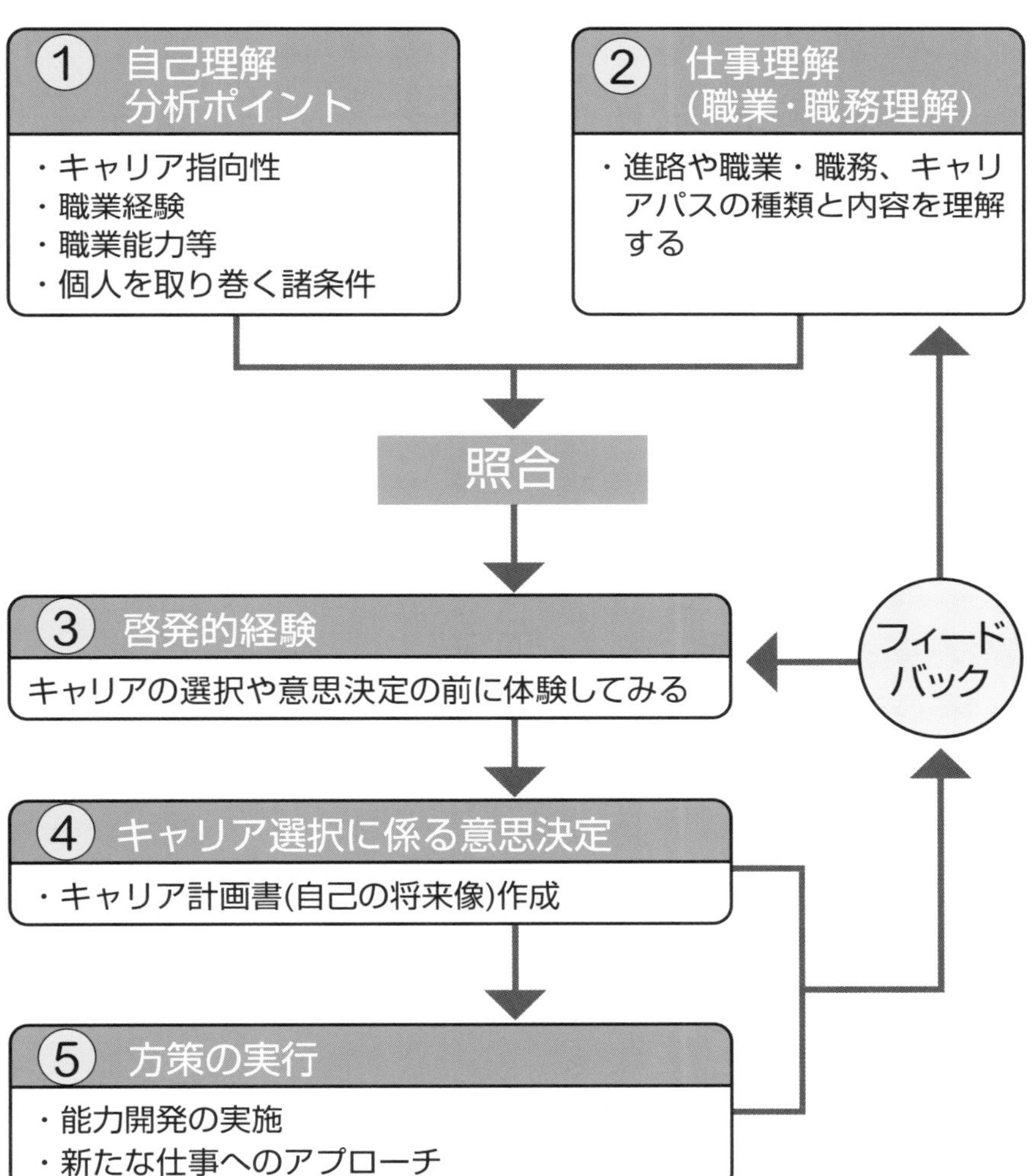

11 自分に足りないものを身につける時間や資金も必要に

自分の強みを活かして転職しようと思っても、実は、目当てとする業界や企業で力を発揮しようと思ったとき、現状のままでは「足りないもの」も生じてくることがあります。

例えば、語学力と交渉力には自信があり、新規営業ルートの開発などの実績があるという場合、「これから海外事業を展開していきたい」という企業に対しては、自分のキャリアはある程度「売り」となります。しかしながら、相手国にとっては「まったく未知となる」ような技術を売り込む場合、先進国企業などへのプレゼンテーションとはまったく異なるノウハウも必要です。

その場合、一般的なビジネス英語よりもう一歩踏み込んだ語学力が求められるケースも出てくるでしょう。これを修得するにはどうすればよいか。一般の語学教室よりも、高額な受講料を支払って専門的な勉強が必要になるかもしれません。転職希望先とする企業にとっては、本当の「即戦力」を求めている可能性があり、「とりあえず働きながらスクールに通う」という余裕がない場合もあります。そうなれば、今の会社を退職する前から勉強をスタートさせなければなりません。

こうした現状分析をしっかり行なう中で、どれだけの資金が必要なのか、あるいは必要とするキャリアを身につけることから逆算して、どれくらいの時間が求められるのか。より現実的な視点をもちながら、綿密に計画を立てていくことが必要です。なりたい自分と今の自分を冷静に分析しましょう。

思いついてすぐに退職願というだけでは、後々後悔するケースも出てきます。

自己研鑽のための費用等について融資・助成が受けられる方法も

◎雇用保険の教育訓練給付

・第２章の「教育訓練給付」の項を参照
・対象メニューや受給要件などをチェック

◎社会人が利用できる教育ローンも

・日本政策金融公庫等国の教育ローン（教育一般貸付）
（限度額３５０万円以内、海外留学資金は 450 万円《一定の条件つき》）
・民間の金融機関などでも教育ローンを取り扱っている所がある

※詳細は日本政策金融公庫及び各金融機関まで

◎勤める会社によっては自己啓発支援の助成金・補助金が活用できるケースも

・働く人の自主的な申し出に対し、受講料や教育訓練期間中の賃金も支給対象となる
(詳しくは会社の総務担当者等に問い合わせを)

12 「キャリアアップ転職＝収入増、ストレス減」とは限らない

自分の強みを活かせる道に進む――これは、あなたの人生にとってプラスであることに違いはありません。しかしながら、その場合の「プラス」というのは、長い職業人生を振り返ってという但し書がつきます。短期的に見れば、今の会社を離れることで一時的に大幅な収入減になることもあります。また、新たな職場環境に慣れるまでの間、一時的にストレスが増すというケースもあります。

大切なのはお金じゃない。一時的にかかるストレスも覚悟のうえ――と考える人も多いでしょう。その心意気は素晴らしいのですが、人の人生はそれだけでは済まないこともあります。

収入減は覚悟していたとしても、身の丈にあった生活を身につけるにはひと苦労です。厳しい家計管理を続ける中では、新しい仕事に集中できなくなることもあります。あなた自身が負担に耐えられたとしても、家族が「その環境を受け入れられない」というケースが生じるかもしれません。

こうしたリスクの積み重ねは、せっかくの新たなスタートをつまづかせる危険もあります。となれば、一気に家計を絞り込んだときに無理が生じないよう、十分な預貯金等が確保できているか。ギャンブルスタートは危険です。多少のストレスがかかっても大丈夫なように、普段からの健康管理がしっかりなされているか。そうしたチェックを退職前にしっかり行なっておくことも必要でしょう。

家族をはじめとして、あなたの退職・転職によって影響を受ける利害関係者（ステークホルダー）への説得も十分な時間をとりながら行なうことも大切になってきます。

退職に向けたセルフチェックを怠らずに

1 退職後の失職期間はどれくらいになるか？

・教育訓練等の受講期間は？ → ○日
・転職活動に費やす期間は？ → ○日

2 その間の生活費等はどうなっているか？

・預貯金はどれくらいあるか？
・雇用保険の失業給付はどれくらい出るか？
・退職金等の一時金はどれくらい出るか？
（税金がかかることも忘れずに）
・一方で、避けられない支出はどうなっている？（住宅ローン他）
・自家用車は手離せるか？

3 自分の健康状態はどうなっているか？

・退職前にできれば健診を受けたい

4 家族など、周囲の理解は十分得られているか？

・上記の収入・支出プラン等を見せて理解を

13 転職で成功する人、失敗する人の違い

転職するにあたり、重要になるのが「転職理由」です。中途退職者を面接する企業はこの点を重視します。それはなぜかというと、

1　ジョブホッパー、つまり頻繁に転職を繰り返す傾向があるかどうか
2　自分を過大評価していないか、あるいは逆に過小評価していないか
3　会社にとって良い影響があるか、悪い影響があるか
4　自分のキャリア分析があるか、上昇志向があるか
5　「寄らば大樹の陰」の人間ではないか

などを見極めたい、ということに尽きると思います。

どんなに正当化しても、転職自体は決してポジティブな行動とは見られません。

●転職がうまくいく人が心がけていること

◎強い動機付けを持つこと

なりたい自分があること、そのためのキャリアパスがはっきりしていること、そのために転職は必然であったこと、こういった強い動機付けを持てる人の転職はうまくいくと思われます。

◎上昇志向を持つこと

キャリアアップは人それぞれです。一部上場の大企業へ行くこと、年収を大幅にアップさせること、今まで培ったスキルをさらに磨くこと、資格取得すること、海外へはばたくことなど、キャリアアップの定義はさまざまです。

目標と同じで、どういう状態になったら達成感が得られるのか、満足ができるのか、明確な上昇志向がある人は転職先でもきっと成功すると思います。

◎今の会社でできること、それをやり尽くしたか

「今の会社ではやりたい仕事ができないから」「やりがいを感じないから」という理由ですが、確かに転職理由としてはあり得ます。

ただし、その「やりたいこと」とはなんでしょう。それは会社にとって、組織にとってどのくらいの意義があるのでしょう。そしてその意義をアピールして協力してもらうように周囲を巻き込む努力をしていたのか。何も努力せずに「やりたいことができない」というのは単なるグチや不満にすぎません。時にはわがまま、と聞こえることもあります。

今の会社でやるべきことを知り、そのために精一杯の努力を惜しまなかった人の経験は、聞く人の胸を打つはずです。

◎年収にこだわり過ぎない

転職の重要なモチベーションの一つに「年収のアップ」があることは事実です。もらえる賃金が高ければ豊かになれますし、好きなこともできるかもしれません。ステイタスも上がりますし、自分の社会的地位も実感できると思います。

でもおカネは大切ですがすべてではありません。人間は、必ずいつか死ぬ時を迎えます。言ってみれば、毎日が一日ずつ死に向かっていることの繰り返しです。一度しかない人生を、おカネだけのために生きるのは、ちょっとむなしいような気がします。自分がしたいこと、できることを、おカネという尺度から少しだけ離れて考えることも重要です。

◎逃げの転職、攻めの転職

「職場の人間関係にストレス」を理由に転職される人が多いと思います。ただ、ほとんどの場合、あなたのその辛さを相手に伝えることは難しく、わかってもらえたり、共感を持ってもらうことはまれなケースだと思ってください。組織の一員である以上、同僚や上司を自分で選ぶことはできません。

その中で、相手に合わせたり、ときには相手と上手に距離をとって、組織全体に影響を与えないように振る舞うことは必要なのではないでしょうか。

また、人事異動や配置転換にいちいち不満を持っていれば、やがてその新しい職場でもいつか同じように転職を考えなければならないことがありそうです。

自分で逃げ場を探してうまく立ち回ることも大切ですが、与えられた環境を冷静に見極め、そこに反面教師を見つけたり、ハラスメントの事例分析をしてみたり、失敗する組織の問題点を探ってみたり、自分にとってプラスになることを見つけてから転職を考えてみましょう。そのときのあなたの経験は攻めの転職理由として、担当者の心に響くものと思われます。

◎成功する転職理由、失敗する転職理由

そこで、立ち止まって「なぜいま転職するのか」を自問自答してみましょう。自分の転職理由を列挙して優先順位をつけてみてください。そこにはプラス、マイナス、ネガティブ、ポジティブ、

前向き、後ろ向き、本音と建前などさまざまな要因があると思います。それがすべて、今のあなたを表す材料です。

・「給与が安い」「残業が多すぎる」「上司とソリが合わない」といった、現在置かれている職場環境

・社会状況が引き起こす将来への漠然とした不安

・能力と仕事に対する自分の評価と会社の評価とのギャップ

これらに対して、自分なりの基準や価値観に基づいて、転職する必然性を導き出せるのか。ひいては、自分の職業人生マップを描けるのか。そこにあなたの幸せがあるのか。目の前の転職を考える際には、そこまで掘り下げて「ゆえに自分の転職に悔いなし」と満足できる答えを導いてください。

成功する転職理由とは、内面の自分との対話の繰り返しから生まれるのです。これがあなたのエンプロイアビリティ（市場価値）を高めていきます。

◎ブレない価値観を持つ

その転職が価値を持つのか、という点にブレがないことが大切です。以下のように自問自答してみるとよいと思います（セルフブランディングの形成）。

その転職により、何よりも自分にとってプラスになることを確信できるか。自分の成長に間違いなくつながることなのか。その転職で身につくことができる知識、スキル、ノウハウが自分にとって大切なものなのか。

その転職が家族や周囲を幸せにすることなのか。周りから祝福・歓迎されているのか。前の職場にも礼を尽くしているのか。自分の存在が新しい職場に良い影響を与えるのか。

転職がうまくいく人が心がけていること

◎ 強い動機付けがある

◎ 上昇志向を持っている

◎ 今の会社でできることを本当にやったか

◎ 年収にこだわりすぎない

◎職場の問題点をプラスに転じられる思考ができるか（人間関係のストレスをプラスにできるか）

◎ ブレない価値観を持つ

どこに行っても成功する思考!!

その転職が、現在、過去、未来の自分にとってどんな影響があるのか。新卒時の自分と比較して夢や希望が持てているか。将来像が具体的にイメージできているか。確実にステージアップ、キャリアアップにつながるのか。ダメージを受けることはないか、リスクヘッジはできているか。その転職のために犠牲にしたことはないか。無理して背伸びしたことはないか。

その転職を心から満足できるか。5年後、10年後に振り返って、あの時の転職はよかったと思えるか。5年前、10年前の自分に、あのとき転職しておいてよかったと言えるか。人生は100年時代です。先はまだまだ長い。時間はたっぷりあります。

その転職が自分の心身の健康につながるか。過労や心身の酷使を強いられないか。経済的な面での不安はないか。

100点満点の転職なんてあり得ないのです。自問自答している中で、どこかに不安があれば、それがなぜなのかを突き詰めていきましょう。できるだけ多くのリスクを数えあげて、そのうちいくつ解決できるかを考えましょう。

そして、最終的に自分で「天秤」にかけてみましょう。最終的に決めるのはあなた自身です。そのときに、最後は「ブレない価値観」を持ち続けることができるかどうかで決まります。

そして、最後に。決めたら、もう迷わないこと。

方向性が定まれば、もはや迷わず全力で、その方向にまっすぐ進むこと。必ず良い結果がついてくることを信じて。幸運を信じて。

退職・転職の上手な進め方チェックポイント！

□退職を戦略的に考えると、いろいろなことが見えてくる

□自分の棚卸しは、キャリアシートを「書く」ことから始める

□自己分析はやるだけで満足せず、結果から方向性を導き出す

□自分の会社を冷静に、客観的に観察する

□スムーズな転職活動で大切なのは、ストーリーと必然性

□自分の居場所ではなく、活躍の場を探すこと

□今の自分に満足することなく、さらなるキャリアアップを目指す

□常にポジティブ思考を持ち、あらゆることを前向きに考えよう

第7章

コロナ禍時代に気をつけたい退職・転職の新常識

1 早期退職をする際は退職金だけが問題ではない

報道によると2020年8月現在で52社が早期退職（早期優遇退職制度）や希望退職を募集しており、その規模は9300人あまりということです。長引く新型コロナウィルスの感染拡大の影響で企業活動が冷え込む中、人員削減に踏み切るケースが増えているようです。会社を辞めるか、会社に残るか、難しい決断を迫られている人もいると思います。

一般に早期退職を募集する企業の多くは、単純に人件費を削減するよりも「組織の活性化を図りたい」「従業員にキャリアの選択肢を与えたい」という前向きな理由を挙げています。つまり退職を前倒してもらうことで組織の年齢構成の若返りをはかり、また従業員には早めに退職後の人生設計をたててもらいたい、という意図があります。そのための原資として、すでに予定している退職金の割増しを受けられることを約束するものです。コロナ後の構造改革や業界再編などの大きな変動を予測して動いている、企業経営者の手腕と判断力が問われることになります。

◎早期退職とは経営の立て直しや事業の構造改革のために、退職者を募り自発的に退職してもらう制度

◎早期退職に応じるか応じないかは労働者の自由

◎原則として自己都合退職になる（会社との話し合いで会社都合にできることも）

いわゆるリストラ（人員削減）とはだいぶ意味合いが違ってくると思います。当然会社に残るという選択肢のメリットもありますので、対象となる年齢構成や業種区分における自分のポジションを慎重に考えて結論を出すべきでしょう。

早期退職のメリットとしては次のようなものが挙げられます。

1　退職金の上乗せがある

2　リストラよりも転職がしやすい

3　時間の制約が少ないため自由に活動することができる

早期退職をするかどうか悩んだら、転職を考えるときの原則に立ち返って、その会社の将来性と自分の転職市場における価値を確認することが大切です。コロナ禍でこれまでの常識や世界観が一変する中ですが、だからこそ見えてくることもあるはずです。

コロナ禍の収束にはまだ数年かかると言われていますが、自分の将来設計を１００年とした場合、今までのキャリアをどのように生かしていくか、また転職の市場がどのように形成されていくのか、働き方改革やテレワークの影響がどこまで及んでいくのか、検討する時間は実はまだ十分にあります。目先の利益（退職金）も大切ですが、今の会社でまだやれること、やり残したこと、やりきりたかった仕事、苦労して作り上げたお客様との人間関係など、きっとあるはずです。

また、早期退職を行なうことで生まれ変わり業績を伸ばしている会社もたくさんあります。リストラという首切りで延命をはかるだけの会社とは違う部分もあると思います。

早期退職を通じて会社の目指す方向性がはっきりすれば、その環境でこれから自分が身につけられるスキル、キャリア、経験を冷静に見極めることができます。

2 希望退職に応じるかどうかはメリットとデメリットをよく考えて！

早期退職と希望退職の違いはなんでしょうか。法律的にはどちらも労働者が自分で判断して「自主的に退職する」ということです。ただし、希望退職の場合は早期退職と比べると対象となる従業員の範囲も広く、一般的には経営が苦しくなって人件費の削減を主目的にする制度と言われます。あくまで会社と従業員の合意に基づくものとなるため、会社が一方的に退職を強要することは許されません。また従業員側が希望しても会社側から制度の利用を拒まれることもあります。

とはいえ、転職を考えている方にとっては「渡りに船」とも言えるいいきっかけになることは間違いありません。メリットやデメリットをよく考えて、きちんと意志表示を行なうべきです。

自己都合による退職と比べて、希望退職に応じる場合の主なメリットは次のようなものです。

1 退職金の割り増しがある

2 まとまった形で有給休暇の消化が認められやすい

3 消化しきれなかった有給休暇を買い上げてもらうこともできる

4 再就職先の支援措置を期待できる

5 会社都合退職となるため雇用保険の給付がすぐに受けられる

一般的に整理解雇（リストラ）と比べて、労使ともに「円滑な円満退社」を目指すことになります。制度の趣旨や手続きについてできるだけ詳しく説明を受けて、納得した上で利用することが大切です。新型コロナの影響を踏まえて、将来的なビジョンを描くことも必要でしょう。

　希望退職の際には必ず会社側との面談の機会がありますので、募集条件や待遇面だけでなく、今後の会社の経営方針や方向性、市場を取り巻く状況などを確認することができます。面談は何段階かに分けて実施することもありますが、まずは直属の上司による面談から始まるのが一般的です。

　希望退職に応じるかどうかはあくまでも労働者の意思によります。リストラによる人員整理とは異なるため、面談の折には遠慮することなく、日頃自分の思っていることや感じていることも含めて上司と腹を割って話し合うことも大切です。注意しなければならないことは、希望退職の募集に応じても認めてもらえなかったときです。会社側にとって必要な人材はなんとしても引き留めにかかることが予想されます。法的な裏付けがある制度ではないため、労使の主張が異なる場合、あくまで労働者が意志を通すということになると単なる「自己都合退職」となり、希望退職で提示されたメリットを受けられないこともあります。

　希望退職に応じて退職する際のデメリットには次のようなものがあります。

1　退職の時期が決まってしまうため再就職の活動期間に制限がある
2　転職先が決まる前に退職しなければならなくなるリスクがある

　ハローワーク等を利用することはできるものの、収入や生活保障が一時的にせよ途絶えることは自分や家族にとって大きなリスクになります。とはいえ、目先の生活のために、十分な手間と時間をかけずに安易に再就職することは時間もキャリアも無駄遣いになります。不本意な転職退職を繰り返す癖をつけることはやめましょう。最後に、「同僚に誘われて」という話もよく聞きますが、希望退職制度を利用するかどうかはあくまで「自分の判断」で決めましょう。

3 コロナ禍の求職活動で以前と変わったこと、変わらないこと

コロナ禍の収束が見えない中、緊急事態宣言や接触機会の積極的削減などを通じて、日本企業はわずか半年で過去10年間できなかったＩＴ戦略を進めざるを得なくなっております。政府の提唱する「働き方改革」の目玉であるテレワーク推進が、図らずも新型コロナウィルスの感染拡大により実現されています。激変する環境の中で、非接触非対面、という新しい働き方が始まり、私を含めて多くのビジネスマンがとまどっています。オンライン○○、ＷＥＢ○○という新語、造語があふれ、新しい日常生活に慣れることが求められています。感染拡大を避けるため、ハローワークをはじめとする行政窓口も多くの部署がオンラインや郵送による手続きを推奨しています。転職活動もリモートによる面接やメール、チャットによる情報交換が多くなっているようです。

これからもこの傾向は続くものと思われます。内定先からも、いきなりテレワークによる勤務を打診され驚いている方もいらっしゃると思います。コロナ禍で求職活動も大きく変化していますが、大切な「肝」の部分はオンラインであろうとオフラインであろうと、泥臭くアナログ的で変わらないのではないかと思います。私が転職する際に実際に行なった準備活動は具体的に以下のようなものです。私の場合はいま流行りのエージェントを使うことはありませんでした。

1　求人情報を定期的にチェックし市場の動向をつかむ（自分のキャリアと市場価値のバランス）

2　具体的に応募したい企業を絞り込む（そこで何がやりたいか、何ができるかまで考える）

3　ホームページや四季報などで企業情報を徹底的に収集
4　法務局で「会社登記簿謄本（履歴事項全部証明）」を入手する（中小企業の場合）
5　応募する前にその会社を訪ねてみる（できれば平日、休日、朝、夜など数日かけて）
＊正式な企業訪問ではなく、勤務地周辺の環境、通勤事情、雰囲気などを見る
6　つてがあればその会社の従業員や取引先に直接話を聞く
＊OBやOGなど学校の関係者がベスト、親戚や利害関係者は避けたほうがよい
7　その会社の年齢構成、在籍年数、新規採用数と退職数を募集職種以外でも確認する
8　もちろんその会社の商品、製品、運営施設、福利厚生など可能な限り実際に試してみる

ここまで準備したら、履歴書や職務経歴の内容をストーリー化して脚色した「自分の面接のシナリオ」を作ることができます。オンライン面接では、直接対面する面接とは違って熱意や誠意がうまく伝わらないということがあります。段取りや準備に十分に時間をかけ、事前に予行練習を行ない、また録画して相手に与える印象をチェックするとよいでしょう。WEBカメラの隣にカンニングペーパーを張り付けておくこともできます。自分の長所を的確に伝え、誠意や熱意は十分な下準備で伝え、限られた環境と時間内で相手の望む情報を送り込むことです。IT企業などはすべてオンライン、すぐにテレワークというところもあるかもしれませんが、大多数の企業では、最終面接は「社長（役員）との面接」による真剣勝負となります。最後は自分の人間としての力量が問われ、会社との相性で決まることになると思います。

4 コロナ禍で転職するタイミングの考え方

新型コロナの収束が見えず、東京オリンピックも延期が決まり、日本中が不安の日々を送っています。はたしてあなたは転職できるのでしょうか。そのタイミングは今なのでしょうか。

転職も含めて、世の中のことは自分だけではままならないことが多いですね。やはり八方が丸く収まるように、「自分よし、家族よし、世間よし」の円満な転職を心がけたいところです。

特に、自粛ムードでフラストレーションがたまっている家族には、ぜひ理解してもらうことが必要です。私も実際に転職のタイミングを決めるときには、自分で次頁のような表を眺めながら考えてきました。これは転職だけではなく自分の人生の「ライフイベント」を考える上で参考にしてください。

転職のような大切なことを考えるとき、タイミングとして家族の節目年齢を必ず気にしておきましょう。進学や就職、結婚や介護、そして看取りのことなどを少なくとも5年先、できれば10年先まで考えておくことをおすすめします。

もちろん、生病老死は誰も決めることができません。人生に何が起こるかわかりません。

ただし、リスクをとるにしても、事前に計画し準備しておくことでそのマイナスの影響を最小限にできるかもしれません。貯蓄や保険の見直しから夫婦共働き、子供の独立なども視野に入れて、今できることは何かを考えていきましょう。

家族年齢表（筆者の例）

年＼家族	自分	妻	長女	二女	父	母	義父	義母	兄
2020	55	51	24	20	88	84	86	81	57
2021	56	52	25	21	89	85	87	82	58
2022	57	53	26	22	90	86	88	83	59
2023	58	54	27	23	91	87	89	84	60
2024	59	55	28	24	92	88	90	85	61
2025	60	56	29	25	93	89	91	86	62
2026	61	57	30	26	94	90	92	87	63
2027	62	58	31	27	95	91	93	88	64
2029	63	59	32	28	96	92	94	89	65
2029	64	60	33	29	97	93	95	90	66

コロナ禍の影響がいつまで続くか誰にもわかりません。そして、東日本大震災のようは大地震、そして各地の未曾有の豪雨災害など、天災がいつあなたを襲うかもわかりません。人知の及ばないところで躊躇しても何も始まりません。何より大切なのは、あなたの大切な家族がこれからも笑顔で幸せに暮らしていけることです。働くことも、自分の心身の健康を維持するために日々の糧を得ていくための手段に過ぎません。転職は、いつでも、また何度でもできます。年齢によっては仮に失敗しても、またやり直しできます。

転職を考えることは、自分の職業人生を振り返る第一歩です。転職を機に、自分の棚卸しを行ない市場価値を再発見する、価値観を見直す、やりたいこと、なりたい自分を再発見する。コロナの時代でも、できることはたくさんあります。がんばって人生を楽しみましょう。

おわりに

〈リアル転職ストーリー〉

転職でいちばん大切で面白いことは上手に人間関係を築きながら人脈を広げること

私の職業人生を振り返ってみると、いくつかの転職を経験してきました。
まず大卒後から見てみると、次のような感じです。

22歳　J出版に就職
36歳　社労士となる
41歳　S研究所に転職
43歳　K中小事業協同組合に転職
48歳　人材派遣会社WBSに転職

そして、これからの人生100年時代を考えると65歳以降の35年間をどう過ごしていくか、自分なりに考えています。
幸いにして、私は社労士という資格をもっているため、会社を退職せざるをえなくなった場合でも、社労士としての仕事を続けていきたいと思います。ただ、その環境に甘えることなく、今の会社で経験していること、身につけられるキャリア（最近では宅建士の資格を取得しました）についても積極的に取り組んでいくつもりですし、仕事を通じて構築できる国内外の人脈やネットワークづくりも続けていきます。

職業生活を通じて経験できることは、失敗や屈辱や赤っ恥も含めて、今考えて一つもムダなことはなかったな、と思い返すことができます。

◎初めての就職・J出版に就職

J出版には新卒で入社後19年間在籍させていただき、最終的に営業課長まで昇格させていただき退職しました。

その間の職業生活は、波瀾万丈まではいかなくても決して順風満帆ではありませんでした。入社して最初に配属されたので「企画開発部２課」ということで、いろいろな期待をしていたのですが、編集者としてではなく「公務員セミナー」の企画運営という、講師の先生を手配したり教室を確保するような「受験予備校の裏方さん」の仕事が待っていました。最初はずいぶん戸惑いましたし、翌年こっそり某新聞社の採用試験を受けたりしていました。

しかし、講師の先生方（著名な大学教授から新進気鋭の政治学者まで）に大変かわいがっていただき、また上司や同僚にも恵まれ、そして何より目の前の受講生（公務員試験受験予定の大学生、高校生、専門学校生）から、直接「ありがとう」と言われたり、「合格しました」と報告されたりして、次第に仕事にもやりがいや誇りを持てるようになりました。

異動があるまでセミナーの仕事は12年間やりました。その間、全都道府県の大学、高校、専門学校からご招待をいただき、学生の皆さんに公務員試験の説明をしたり受験のアドバイスをしたり、という生活でした。

毎月半分は出張で飛行機や新幹線に乗っていました。また、高校訪問で鹿児島県の種子島や屋久島まで行ったこともありました。

みんなとても喜んで下さり歓迎してくれました。各地で地元の先生方といろいろな食事やお酒をご一緒させていただきましたが、飲み過ぎてよく失敗もしてしまいました。若気の至りということでお許しいただきましたが、今でも冷や汗が出るような経験でした。

この仕事を通じて、自分の意外な一面を知りました。人前で話をしたり、人に喜んでもらえる仕事は楽しいと思えるようになりましたし、たくさんの人に自分の声（話の中身ではなく声……）をほめてもらえることも自信につながりました。

20代から30代にかけては、そういえば友人や同僚の結婚式の司会をよく頼まれていました。よい思い出です。

【得たもの】↓「自信と気づき」「失敗や経験」
【得られなかったもの】↓「編集技術」「編集者としてのキャリア」

◎突然の分社騒動で始まった労組結成・団交などなど大わらわの日々！

また、入社3年後、会社を分社するという騒動もありました。家族的で、社員旅行や野球大会、駅伝大会、歓迎会や送別会、新年会や忘年会などが全社的に行なわれる会社だったのですが、その

年の忘年会の席で突然、当時のK社長から、

「来年4月からJ出版を3社に分社し、私とI専務O専務がそれぞれの代表取締役となります」

という発表がありました。

当然社員間に動揺が走り、いろいろな噂が飛び交いみんな疑心暗鬼になりました。そんな中、私を含む社員有志が労働組合を結成し、会社側に団交を申し入れ、結果的に分社を回避することができました。

その後、在職中は何期も労働組合の委員長を勤めましたが、後日談でそのときの分社については経営陣も反対しており、オーナー経営者であるA会長の鶴の一声で決められた分社騒動であり、内心「社員が良くやってくれた」と感謝していた、ということでした。

当時の分社に合理的な根拠はなく、また会社の発展にも社員の成長にもつながらない、と判断したことは間違っていなかった、と安心した思いがありました。

労働組合の活動を通じて、人をまとめたり、たくさんの意見を集約したりするリーダーシップが身に付きました。この経験や勉強が、後に社労士をめざすモチベーションになりました。

【得たもの】　↓　「労働組合の設立」「委員長として組織をまとめる」

◎異動で残業なしに……、手取り減のピンチで取得した社労士資格

13年目になり、セミナー事業から学校教材事業に異動することになりました。

主に、高校や短大、大学に進路指導や就職指導のための教材や模擬試験、適性検査などを購入していただくのですが、主に学校指定の販売代理店や大学生協の皆さんとお付き合いすることが仕事

でした。

全く畑違いの仕事で、心理検査や就職試験のことなど一から勉強することになりました。進路指導部の先生や就職部（今で言うキャリアセンター）の職員の方、そして教材代理店の営業の方たちとのお付き合いにも慣れ、仕事自体に不安や不満はなかったのですが、学校相手なので時間は夕方17時まで、ということで全く残業がなくなってしまい、手取りの給料が相当減って本当に困りました（セミナーの仕事はほぼ21時終了でしたので、残業代がそれなりにもらえていました）。ちょうど次女が生まれることになったということもあり、給料が手取りで2割減、という深刻な事態になりました。

ただ、その分17時以降に時間ができたことで、それを有効活用しようということで、かねてから興味があった社労士の試験の勉強時間を作ることができました。

その間、次女の誕生もありカミサンと長女にはだいぶ苦労をかけましたが、おかげでさまで3年間ほどの勉強で、在職中に２００２年の試験に合格することができました。

【得たもの】→「自分への投資」「社労士資格の取得」
【得られなかったもの】→「年収」

◎転職で得た「新しいスキル・対応能力・人脈」が人生の財産に！

その後、会社員生活を続けながら自分のキャリアを考えて19年目に転職の決断をしました。41歳のときです。

もちろん葛藤もあり、引き留めもあり、家族の反対もありました。

いろいろ考えて決断して、当時健康保険組合に基幹業務の専用ソフトを納入しているＳ研究所に営業幹部として採用していただきました。

いわゆるベンチャー企業で、当時のＳ社長は業界大手のＣ計算機のＳＥから独立して会社を興した方でした。当時のベンチャーにありがちな、今で言うところの典型的な「ブラック企業」でした。勤務時間は「始発から終電まで」という状態で、開発部のプログラマーやＳＥは会社近くのサウナに寝泊まりするような会社でした。

若いＳＥが何人も「壊れていく」様を間近で見ていました。その間、健康保険の業務システムや健保組合の仕事の仕組み、助成金や補助金の制度など、普通では決して経験できないことを教えていただいたり、実際にシステム設計に携わったりできました。数十台のコンピュータのハードを一斉交換したり、健保組合事業所移転の際には複雑な配線工事の施工に協力したり、大企業組合の役員向けにプレゼンテーションをさせていただくなど貴重な体験もあり、自分の自信になりました。また、一部上場企業の会議の進め方、議事録の作り方などを体験できたことも大きな収穫でした。

Ｓ社長から、「億を超える法人営業」のイロハを教わったことも有意義でした。

上場企業の企業組合健保の常務理事や事務長には魅力的な方、個性的な方が多く、営業で訪問してもとても楽しく会話が弾みました（当時のＭ健保の事務長で、その後社労士試験に合格され同業者になった方とは数年前、埼玉県社労士会の研修会場で偶然再会しました）。

何から何まで初めての経験で、睡眠時間も３〜４時間という毎日でしたが、自分としては充実した密度の濃い貴重な体験でした。

この世界でも充分にやっていけると自信もついたところで、若手社員やＳＥを「使い捨て」にするS社長に対して初めて、その経営姿勢について意見しました。案の定S社長は聞く耳を持たず、これ以上話し合いは難しいと思った時に退職を決意しました。

ずいぶん慰留され給与などの待遇面の改善や役員への登用も打診されましたが、決心は変わりませんでした。

親しかった若手のＳＥ諸君は忙しい中、送別会を開いてくれました。

彼らとは今でもＳＮＳを通じた交流が続いており、同業他社に転職した人、独立して成功した人もいます（中には仙台でおでん屋さんを始めた人もいて、数年前に宮城県に仕事で行った際に寄らせていただきましたが、地元で有名な繁盛店になっていました）。

ちなみに、S研究所は、その数年後、事業経営が行き詰まりS社長は解任、会社はファンド系の別会社に買収されてしまいました。

【転職で得たもの】↓「新しいスキル」「対応能力」「人脈」
【得られなかったもの】↓「システムの技術」「市場価値を高めるキャリア」

◎転職で活かせた社労士の専門知識

ご縁があって、その後43歳のときにK中小事業協同組合の事務局長として採用されました。

K組合のメイン事業は高速道路のＥＴＣカードを中小企業の運送事業者に提供することですが、そこで大きな問題になるのが、いわゆる不良債権回収と違法違反行為の摘発です。

不良債権とは、高速道路利用料金を組合に支払えなくなった事業者から利用料金を回収する仕事です。

弁護士を通じて督促を行なったり、財産の差し押さえ手続きに裁判所に通ったりと、ここでも今まで経験したことのない世界を見ることが出来ました。

違法や違反行為は、高速道路を使う際にETCゲートを正しく通過しなかったり、過積載のトラックで高速道路を走行したりすることです。

そういう事業者はETCカードの利用ができなくなります。使えなくなったカードの回収にあたり、難しい交渉を血の気の多い運送会社の社長相手に行なわなければならず、ここでも修羅場があり「よい経験」をさせて頂きました。

その後、組合の事業の中心がETCから外国人技能実習生へと移り、事務局長の仕事も入国管理局およびJITCOへとその対象が変わっていきました。

社労士としての本来の労務管理に加え、外国人就労に関するさまざまな法律も勉強して、毎月のように中国やベトナムに出かけることになりました。

実習生諸君は本来とてもまじめで誠実に勤務してくれますが、やはり日本人従業員とのコミュニケーション不全や考え方の違いからいろいろなトラブルを抱え、時には帰国させなければならないこともあります。

多くの場合、非は日本人のほうにありましたが、志半ばで帰国しなければならず、涙を流す実習生諸君を前に言葉をなくすこともありました。

【転職で得たもの】 ↓ 「知識・経験」「市場価値の形成」「人脈」

◎3回目の転職で巡り会えた最高の働く環境

こういった経験を数年したのち、ご縁があり、埼玉県内のS社労士事務所を共同経営者として手伝うことになり、K組合を退職させていただくことになりました。

退職の手続きを終え、しばらくしていたときにお声をかけていただいたのが、現在の人材派遣会社のH社長です。

当時、H社長は人材派遣会社として日系のブラジル人の方を就労者として派遣していましたが、その派遣先に技能実習生を受け入れている工場があり、以前から中国出張をご一緒したり一緒に食事に行ったりして顔見知りでした。

H社長から、私が退職する話をお聞きになりぜひ人材派遣会社を手伝ってくれないか、という熱烈なラブコールがありました。

かねてから、人材派遣会社の仕組みや給与計算実務に興味がありましたので、いろいろと考えた末に、S社労士とも話し合いH社長のお申し出を受け入れることにいたしました。

現在は、H社長のもとで外国人材を必要としている企業に外国人派遣を受け入れたり雇用したりするコンサルティングを中心に、日本と中国、ベトナム、ミャンマー、ネパール、スリランカなどの人材供給会社と仕事をしています。

好き勝手なことをやらしていただいていますが、今考えると一つひとつが意味のある行動であり根拠のある判断だったような気がします。

もちろん、上司、同僚、顧客、環境、家族の理解などに恵まれた幸運があっての半生だということです。もともと海外志向は強かったのですが、家庭環境その他の制約で拠点を海外に求めるには至りませんでした。

今は国内にいて、ネットワークや通信技術を駆使して海外の人材ビジネスを日々展開することができるようになりました。

同僚もベトナム、中国、台湾と国際色豊かです。自分にとって、このような環境は現在、とても居心地がよいものとなっています。

【転職で得たもの】↓「海外人材とコネクション」「法務的な知識と経験」
【得られなかったもの】↓「社労士としての実務能力」

◎仕事で培った私の人脈づくりのコツ

私の人脈づくりですが、やはり基本は社労士受験から始まっています。社労士受験をきっかけに人脈づくりのチャンスが広がりました。

・社労士受験勉強会（電子掲示板）

私の師匠の社労士の先生が私的に運営していた電子掲示板。当時、独学で社労士受験をしていた私にとって、心の支えでした。

このときの利用者を中心にした、この師匠を囲む勉強会は毎月1回開催されています。年に数回は合宿研修も行ないます。時事問題から社労士実務の事例研究など活発に議論しています。私の重要な情報交換の場です。

・近江塾

ほぼ同期で合格した親友が開催する勉強会で、同年代の社労士仲間がたくさん参加していました。一緒に助成金セミナーや確定拠出年金のプレゼンテーションに取り組んでいました。書籍の企画や同業者間のコラボレーション提案など手探りでいろいろなことをやりました。いま彼は、資格試験関係の書籍のライターとして、持病をもちながら精力的に活動している尊敬すべきナイスガイです。

・新・経営コンサルタント協会

事業協同組合でETCの仕事をしていたときに、F総研のコンサルタントをしていたYさんに誘われて入会。士業＝(イコール)サービス業という観点から、お客様を大切にすること、信頼される仕事をすること、約束を守ることなど、あらためて学ばせていただきました。「コンサルタント」という第三者的な立場から自分の仕事を見つめる貴重な経験でした。

その後、年2回のペースで東京士業交流会が開かれており、弁護士、税理士、司法書士、行政書士などの仲間が増えています。仕事でも大変役に立っている人脈です。

・終活カウンセラー協会

上記Yさんの知り合いでこの協会の現在の代表理事M女史から、社団法人としての設立の相談を受けて、その後立ち上げに協力しています。

今は名前だけの幽霊理事ですが、協会は精力的に活動しており、会員数も毎年倍増しています。

検定試験対策の介護保険や年金科目の講師としても時々協力しています。終活ブームを受けてイベントも盛況で、時々会場では以前仕事でお世話になった関係者にお会いすることがあります。

趣味や母校を通じた人脈も有効です。私も趣味でマラソンを走っていることで仲良くさせていただいている方も、仕事でおつきあいさせていただいている方もたくさんいます。また、高校のバドミントン部のＯＢ会でも仕事や情報のやりとりが続いています。大学の先輩のご紹介で、数冊の著書も刊行させていただきました。

人脈づくりでいろいろな異業種の方とお会いするたびに、いろいろな気づきがあります。例えば、自分の性格についても、今まで知らずにいて、言われて初めてきづいたことがいくつもあり、自己分析に役立ちました。

【人に言われて気づいた自分のポジティブな一面】

1　物おじしない
2　新しい物好き
3　心身ともにタフ（お酒も）
4　勉強が好き
5　声と笑顔がいい

【人に言われて気づいた自分のネガティブな一面】

1　お金に執着がない
2　人に強く言えない、甘い、遠慮がある
3　頑固、人の忠告を素直に聞けない
4　細かい、秩序や整頓にこだわる
5　二面性、裏表があり、ずるがしこい面がある

人脈づくりで大切なことは、自分を飾らずにさらけ出すことだと思います。そして考えすぎないことです。

会ったときの印象も大切ですから、話し方は短く要領よく。具体的には、「結論から言うと○○です」「一言でいえば○○です」と答えることです。言いたいことが一発で伝わります。

何よりも、自分の言葉で正直に正確に話すことです。

そして具体的にわかりやすく、です。

見栄を張って、無理してつくる人脈は長続きしないということです。

あらゆる出会いが人脈につながり、人脈を大切にすることが次の出会いにつながります。

人脈づくりのチェックポイント！

- □人脈づくりを焦らない。時間をかけることも大切
- □まず相手の役に立つことを考える
- □「〝ギブ&ギブ&ギブ〟&テイク」くらいのバランスがちょうど良い
- □自己紹介はワンフレーズ、ワンセンテンスでキャッチコピーづくりから！
- □相性や第一印象、ウマが合うなどの感覚が大事
- □異業種交流会は必ず懇親会に参加すること
- □会社以外の名刺をつくり、顔写真をのせておく
- □利用するよりどんどん利用してもらうことを考える
- □最初は話し上手、聞き上手よりも、うなずき上手・あいづち上手をめざそう
- □笑顔で接する（笑顔に磨きをかける）
- □出合いに感謝のハガキは有効。せめてメールは必ず出そう！
- □SNSを上手に活用しよう。相手によっては逆効果もあるので注意を！
- □年齢、肩書きは良い人脈を集めてくるし、逆もある
- □良い人脈は自然に良い人材を集めてくれる。逆に悪い人脈には良くない人材が集まる
- □友達づくりや仲間づくりからスタートする

島田弘樹（しまだ・ひろき）

1965年神奈川県出身。立教大学経済学部卒業。

教育系出版社、健康保険システムＩＴベンダー、中小企業協同組合を経て現在、人材派遣ＷＢＳ株式会社（埼玉県）に勤務。食品会社で勤務する外国人就労者や技能実習生の指導・教育・コンプライアンスなどを担当。

平成16年より勤務社会保険労務士として「サラリーマン目線」による人事労務の問題解決や経営者の労務管理サポートを行なっている。埼玉県社会保険労務士会川越支部所属。

趣味はマラソン（平均3時間30分で完走）。

※本書に関する疑問・ご質問はこちらまで
hshima_sr@docomonet.jp

〈最新版〉図解でわかる
退職・転職の手続き・チェックノート

2020年11月6日　初版発行

著　者　島田弘樹
発行者　和田智明
発行所　株式会社　ぱる出版

〒160-0011　東京都新宿区若葉1-9-16
03(3353)2835－代表　03(3353)2826－FAX
03(3353)3679－編集
振替　東京　00100-3-131586
印刷・製本　中央精版印刷(株)

ISBN978-4-8272-1258-7　C0034